精神力

強くなる迷い方

桜井章一

青春新書
INTELLIGENCE

はじめに

身の回りに情報があふれる今の世の中にあっては、有益な情報を他人より素早く知り、自分のものにすることが「勝者」の条件であるかのように見える。

しかし、この社会で必要とされる情報そのものに問題があるのなら、それをやみくもに追い求めたり、気がつかないまま振り回されるのが幸せなことだとはいえないだろう。

自分の周囲に関心を持つというのはもちろん大切なことだが、私は外部にある情報ではなく、自分の中にある心の持つ力、奥深さを大事にしたいと考えている。情報はあくまで「他力」、自分の心で感じることこそが「自力」なのだ。

実際、子どものころから「よく考えなさい」と教えられるからだろうか、手に入れた情報をずらりと並べて、どうすべきか悩みに悩むという人が少なくない。しかしこの「考える」というのが曲者で、時間をかければかけるほど誠実に結論を導きだせるというものではなく、考え込むことで迷いが生まれたり、損か得かという世の中の「ものさし」にとらわれてしまい、かえって悪い方向に向かうことも少なくないのだ。

私は勝敗は結果であり、「内容がなくて勝つ」ことよりも、たとえ負けてもそこに「意味」を発見するほうがよほど価値があると考え、指導もしてきた。

結果がすべてであり、勝てば善、負ければ悪と考えている人にとっては、そうした私のメッセージは奇妙なものに映ることだろう。しかし、人をごまかし、自分をごまかし、計算高く物事を判断するだけでは、決して本質に近づくことはできない。

本書は、様々な壁を前に迷い、悩み、考えあぐねている人に対して、私なりの問題の捉え方の道筋を示したものである。もちろん、それが絶対的に正しい「答え」というわけではない。

本書が読者のみなさんそれぞれの「心の持つ力」を呼び覚ます一助となることを願っている。

二〇〇九年八月

桜井章一

精神力——強くなる迷い方＊目次

第1章　勝ちを求めず強さを育め　11

本当の強さを知る　12
勝負強さとは何か　19
本物の男として生きるには　22
「器の大きい人間」の本質　25
運・ツキとどうつきあうか　28
心を強くする打ち方　31
男の意志のつくり方　33
「突っ張る」か「おりる」か　36
崖っぷちを楽しむ　39
本当の幸福に近づく方法　42
漢と男の約束　44
勝つことに意味があるのか　47
弱い男、強い男　50
「ワル」の生き方　53

第2章　捨てる勇気、拾う努力 —— 57

「温」「破」「立」の人間関係　58
いま必要な勇気とは　61
気が利く、気が利かないの差　64
モノになる奴の片鱗　67
何をどう楽しむか　70
「不器用」な生き方　73
人と比べないということ　75
「立場」の本質　78
心の中の不安について　80
人に教えるとは何か　83
もし死にたくなったら　86
うまくいかない原因　91
価値ある関係のつくり方　93
ケンカの作法　96
人間関係の「間合い」　99
悩みの核心にあるもの　101

人を信用するということ　104

第3章　揺れない心　107

「心温」を適温に保つ　108
プレッシャーに強い人間の秘密　118
心の揺れとの向き合い方　120
「流れ」を見極める　123
「無心」とは一体何か　126
コンプレックスは武器になるか　129
ギャンブルに向かない人間　132
「人徳」とは何だろうか　135
無気力からの脱皮　138
潜在能力を引き出す生き方　141
死後の世界と自分の魂　143
見えないものを見る力　146

第4章　人間とは矛盾でできた粘土である

第4章　人間とは矛盾でできた粘土である――149
答えがないから面白い　150
豊かさのなかにある危機　156
流されるだけの人間　159
世の矛盾との戦い方　161
何を蓄えるべきか　164
夢を生きる工夫　167
有意義に生きるということ　170
競争か、共存か　172
踏み込んではいけない領域　175
自分で選びとる人生　178
本物の仕事と、ニセ物の仕事　181
「虚しさ」の根っこ　184
「商売」の本質　186
本当に金は大切なのか　191
最期を看取るということ　194
生きがいはどこに宿るのか　197

第5章

瞬間は愛なり——201

「愛」に近づくということ 202
溺れる愛と深まる愛 207
自分のどこを買うか 210
嫉妬の根底にあるもの 213
瞬時に判断する力を養う 215
結婚はいいか、悪いか 218
「冷たさ」の裏 221
「愛」の損得計算 223
「いい女」と「悪い女」の違い 226
ごまかさない生き方 229
孤独の見つめ方 232
モテる男の条件 235
心と体の正しい関係 238
「欲望」の価値 240
愛に「優劣」はあるか 244
どこまで愛しきれるか 247
愛を育むという考え方 249

著者写真撮影　北村泰弘

第1章 勝ちを求めず強さを育め

本当の強さを知る

私の周辺には『雀鬼会』の会員、さらに私の本を読んだという若者たちがいる。その中に「会長、最後の答えをください」と、今日にでも死ぬかもしれないという深刻な悩みを抱えている連中がいるのだ。そんな彼らに私ができることは、何なのか?

私はこう考えている。自分自身がくぐりぬけてきた数々の修羅場を通して、その場、その場でつかんできた〝生きた行動学〟を共に考えることしかないのだ、と。

どんな修羅場をくぐってきたか、かいつまんで話してみよう。

私は当時の若者の多くがそうであったように、大学在学中に麻雀を覚えた。その面白さに夢中になり、半年後には、夜の繁華街にある雀荘でフリーの立場で打つようになっていた。

それから20年間、プロとして麻雀を打ち続けたのだ。

その頃、雀荘に集まってくる連中は、ヤクザ者か高利貸しと相場は決まっていた。そうじゃなくても少なからず世の中のハミだし者ばかりだったから、ケンカは日常茶飯事だったし、私自身、生命の危険にさらされたのも1度や2度のことではない。

ある夜、麻雀を打ち終えて家へ帰る途中、4人の男に囲まれた。脇腹に押しつけられたものが拳銃なのか、ドスなのか？　そのまま車に押し込まれた。

車は2時間ほど走った。潮風の匂いを感じたから海の近くだろうと思った。そして車から降ろされ、穴に落とされたのだ。胸のあたりまでくる深い穴で、3人の男たちが、スコップで土を埋めにかかり、両腕だけが地面に出る格好になり抵抗は不可能だった。そして、兄貴分の男が水中銃を取り出したから、殺されるか、2度と麻雀の打てない体にされる、と覚悟を決めた。

ところが、本当に運がよかったと思う。懇意にしていたある組の親分が、「桜井が狙われている」という話を耳にして情報を集め、急いで助けにきてくれたのだ。自分の強運に驚くと同時に、人とのつながりがいかに大事であるかを思い知らされた。

後で知ったことだが、ある人気歌手と、そのスポンサーを相手に麻雀を打ち、一人勝ちしたのがことの発端だった。

「桜井を痛めつけて、2度と打てないようにしてくれ」と、泣きついたのだ。

私は20年間、プロ雀士として、1度も負けたことのない男だ。政治家や財界人の代打ちもやった。もちろん大きな金が動く。

私に負けた者は女のように泣きだすヤツもいたし、プロのプライドを打ち砕かれて呆然としているものもいた。そして、しだいに勝ち続けることが虚しくなった。だから未練もなく引退を決意して、若い人たちの指導に力を注ぐことにしたのだ。

しかし、私は勝つためのテクニックだけを教えるつもりはない。それよりいかに強く生きるのか。そのことを徹底的に教えてやろうと考え、実践してきた。

いまの若い人たちがかわいそうなのは、安定した社会の中で、安定を求めることだけを教えられて育ったことだ。だからちょっとしたトラブルや困難な状況に出会うと自分のカラに閉じこもってしまう。

人生に勝てとは言わない。勝つことが善で、負けることが悪とは思わない。たとえ負けても、強く生きているかが問題なんだ。困難や不安定を楽しめる、強さを持っているかと強調したいのだ。

そのための手伝いなら私は喜んで引き受ける。真剣勝負で一緒に考える覚悟だ。

＊

私は「雀鬼会」で若い子たちを集めて麻雀の指導をしているが、それで彼らに教えていることのひとつに、野球のピッチャーにたとえた話がある。

「相手の打ちやすい、いい球を胸もとに力いっぱい投げろ」

これでは相手が大打者であればあるほど負けてしまうと考えるだろうが、負けても本望ではないか、と私は思う。自分にそれだけの力しかないんだから。

変化球を投げるな。これが私の指導法である。たとえば、相手がリーチをかけてきた場面。すかさずポンやチーをして相手のリーチ一発ツモを消す。こんな小賢《こざか》しいテクニックは下の下、最低なんだ。相手を惑わす変化球やテクニックに頼っていては、いつまでも強くはなれない。

だから雀鬼会が目指す麻雀は自分でツモってあがるツモ第一主義と言ってもいい。あくまでも他人に頼らず自力本願というのが雀鬼流の王道なのだ。

つまり、雀鬼会は〝勝つこと〟を目的にしていない。勝負の結果より内容を重視している。

たとえば、「内容があって勝つ」ことが一番であり、次に評価されるのは「内容があって負ける」こと。そして、最後にくるのが「内容がなくて勝つ」という順になる。

ここがポイントだよ。「内容がなくて勝つ」より「内容があって負ける」ほうがずっと価値がある、立派なことだと私は教えているんだから。

ところが、いまの世の中はどうか。勝つためには手段を選ぶな、と教えているではないか。かつて阿佐田哲也さん（『麻雀放浪記』などの作品がある小説家）が、こんなことを書いていた。

「麻雀はばかしあいとだましあいのゲーム。どうやって相手を陥れるかが勝負のコツである」

これは世間の価値観をそのまま取り入れた考え方であって、人間の弱さやズルさをそのまま表現したにすぎないと思う。つまり、勝つことにだけこだわる社会のシステムにこそ問題があるのだと強調したいね。〝20年間不敗〟というと、世間の人は私がいかにテクニックを弄《ろう》し、ズル賢く勝ってきたかと考えるようだが、じつはその逆をやってきたおかげで強くなれたのだと思う。

＊

若い人の悩みに答えようというのに、こう言うのもなんだが、私には悩みなんてひとつもないと断言できる。

そう言うと私がすべてに恵まれていて、仕事、家庭何ひとつ問題がない人間に思われるかも知れないが、じつはまったく逆。家のことはもちろん、雀鬼会の若い連中の面倒その他もろもろ、私ほどたくさん問題を抱えている人間も珍しいんじゃないか？

悩みというのは、何か問題が起きた時に怖気《おじけ》づいて逃げたり、迷って決断できない状態のとき生まれてくるものだ。

私に悩みがないというのは、問題に直面したとき、あわてず逃げず、その本質を見極め、素早く次の行動に移るから。だから〝困難〟はたくさんあっても〝悩み〟はないんだよ。

人というのはね、とにかく「やるしかない」んだ。悩んでいるヒマなどない。すべて困難として受け止め、進むことだ。ところが人間は弱いものだから、困難から逃げだしたいという気持ちになる。じゃあこんな話はどうだ。

高い山へ登ろうとする。ある人は重い物は疲れるからと、荷物を持たずに登り始める。もう1人は山で必要な荷物をあれこれ背負って登る。

途中、荷物を担いでいる人は大変だな。重たいし、息は切れるし、とにかく辛い。逆に担いでいないほうはラクラク登っていく。ところが頂上に着いたとたん嵐が襲ってきた。重い荷物の中には防寒具やらテントやら…。一方何も持たずラクしてきた奴は凍え死んでしまう。

人生だって同じこと、困難から逃げてばかりでは、イザというときモロいんだ。そしてなにより、リュックの中身は、経験だったりかつての苦労だったり、豊かな人生そのものだろう。いまは困難かも知れないが、のちのち必ず役に立つ。それが自分だけではなく、持てなかった人に分け与えられるほど豊かなら、なお素晴らしい。

だから困難から逃げず、それを受け入れなさい。自分の人間性を高め、人生の宝を増やすチャンスなのだから。

＊

以前、ある高校生から手紙が届いた。麻雀が大好きで本格的に麻雀をやりたいという。学校もイヤですぐにやめたいと。だが親に「卒業ぐらいしておけ」と言われ悩んでいるのだという。

私は、いまの学校教育に価値を認めていない。とりあえず卒業してみるなんてバカな大人が言うようなことを主張する気も毛頭ない。そこでこう返事を出した。

「学校へ行きなさい」

とね。

なぜか？　その手紙の少年に〝闘っていない弱さ〟を感じたからだ。イヤなものから逃げている弱さ、これでは麻雀も強くはなれないと感じたのだ。
イヤなものなら、逃げるのではなくてむしろ闘ってみろ、と私は言いたい。私も学校は大嫌いだったけれど、だからこそ成績を上げ、とっとと卒業してやれと思った。逃げることは負けることだ。私は負けたくない。それが自分のイヤなものが相手ならなおさらだ。近頃の人間は弱いと思う。いろんな理屈をつけて逃げるから。本当の強さは、やっぱり闘うことから得られるはずだ。闘う生き方、ぜひ身につけて欲しい。

勝負強さとは何か

Q――麻雀が好きでよく打つのですが、いざ勝負になると弱いのです。人によっては、テンパイがすごく早くて、リーチをかけるたびにツモったり、一発ツモを連発する人がいますが、そんな勝負強い人がうらやましくてしょうがありません。勝負強い、弱いというのは現実にあるのでしょうか？　何が原因で、どうすれば勝負に強くなれるのでしょうか？

勝負に強いか弱いか。これは生き方の問題です。人の生きざまには、大きく分けて２通りある。自分の力で生きて行こうとする自力本願と、他人に頼って生きている他力本願のふたつです。

で、自らの意思で強く生きる自力本願タイプを自力が強いとか、自力のある男というわけだ。しかし、君のようなタイプ、いわば勝負に弱い人間は、ふだんから他人に頼った生き方をしている。

いま風に言えば、自立していない。父母の生活能力に頼り、学校に入っても誰かに評価してもらう。会社でも上司や会社、仕事に頼って生きている。そういう生活をしているんじゃないのかい。

じつはいまの日本は、君のような人間でいっぱいだ。親の協力や権力によって立身出世の道が開かれているだろう。政治家2世、経営者の2代目、芸能人の2代目……、みんな他力本願、もともと自力のない奴が出世するから、世の中がどんどん悪くなるのは当たり前なんだね。

本来、人間は、自力のある者だけが生き残ってきた。動物と同じように自力で食べ物をとり生きてきた。そこには安全、安定という保証はない。頼れるのは自分だけだ。

しかし、いまの社会は他人の力を利用してはい上がってくる人間で成り立っているから人の上に立つ奴ほど弱い、という大きな矛盾をかかえてしまっているだろう。

彼らにあるのは正当な指導力ではなく、支配欲だけ。だから自分の立場を守るためには、平気で人を陥れる。それに比べると勝負の世界は正直だ。東大を出ようが、親が政治家でも大企業のトップでも、弱い者は負ける。ウソがないよ。

自力の道を歩むためには勇気がいる。真の勇気は無謀さとは違うよ。いまの若い子は勇気があるというより無謀なことをやっているでしょう。暴走族にしろ、しっかりとした批判精神を持たずに人様に迷惑をかけているだけだ。真の勇気のある言動には美しさ、感動すら起きる。わかるかい？　無謀な行動には美しさも感動もないだろう。

君には真の勇気というものがあるかい？　麻雀を打っても君はギリギリのところまで努力や工夫をしていないと私は見る。たとえば、誰かがリーチをかける。そのとき、君は3シャンテンなら、1シャンテンまで持っていく努力をしているだろうか。ここなんだ。おそらく君は、相手の手が高そうだと判断してすぐにオリることが多いだろうと思うが、どうですか。

私は、麻雀は勝つことが目的ではないと、若い人たちに教えている。自分をギリギリのところまで高めること。そして、最終的にはツモあがりを目指すことだと言っている。それが自力というものなんだと。

だから雀鬼会の麻雀は、ごく当然のように一発ツモが多くなる。なぜなら相手を倒して勝ち、相手の振り込みでいくら点棒を稼いでも、それは真の勝利ではないと私は徹底的に教えているからです。

人さまから出るのを待つのは、他力本願だね。それを続けていくと、結局、自分が勝ちたいために相手がどうなってもいいという発想になっていく。自分さえ良ければいいという勝ち方には愛がないし、虚しさしか残らないだろう。だからふだんの生き方が大事だと私は強調したい。いまの君に必要なのは自力で生きる勇気なのですよ。

本物の男として生きるには

Q——会長は〝漢《おとこ》〟という言葉を使われますが、それはおそらく「男の中の男」といった意味に近いかと思います。私も〝漢〟でありたいとつねに思っているのですが、ときどき、どういうことが本当の男らしさなのかわからなくなります。決断力、行動力、判断力、包容力、優しさなど、いろんな要素があると思われますが、何が一番大切なのでしょうか。また、会長自身は日々、どういうことを心がけておられますか。

昔、悪漢という言葉があった。いわゆる悪人じゃない。むしろ弱い者、正義の味方だ。いつも社会の体制に対して反対する生き方をする奴は権力者たちによって〝悪〟とされたわけだろう。

悪漢というのは、体制をおびやかすほどの力を持った男のことを言うわけだ。いわば政治犯であり、庶民に絶大な人気のあった鼠小僧《ねずみこぞう》やロビン・フッドのような男だよ。

本当に悪い奴らというのは、権力や体制の側にいて弱者である人々から搾取して自分たちだけうまい汁を吸っている奴らだ。

私は、以前出した『心温かきは万能なり』（竹書房）という写真集の中で「男とはなんぞや？」ということを列記している。それをすべて載せるには紙面が足りないから一部だけ抜粋しておく。

本物の男なら、権力に近付くな

本物の男なら、権力は必要としない

――なぜか。権力に媚《こ》びる男は、体制に流され、体制の下敷きになり、しまいには体制の奴隷になってしまうからだよ。体制に媚びて、おこぼれをいただいて暮らしているような奴は男の中の男とは言えまい。つまり〝漢〟とはほど遠いわけだ。さらに列記していく。

本物の男なら、強さを価値観に置け
本物の男なら、安定を求めず存在することで周りに安心感を与えろ
本物の男なら、その強さや力を己の欲のために利用してはいけない
本物の男なら、面倒を起こすのではなく、面倒なことに目を離さず面倒に飛び込め

――たとえば、電車の中で痴漢に苦しんでいる女性がいる。面倒な場面だろう。君はどうする？　面倒なことから逃げてはいないか。私ならすかさず面倒を起こしている痴漢をとっつかまえて殴りつけてるよ。

本物の男なら、何かに飲み込まれたり、溺れるな
本物の男なら、道楽を美化してはいけない
本物の男なら、毒を吐かせる感性（本能と置き換えてもいい）を持たなければいけない

――文明社会に生きている人間は、毒を毒と感じる本能が薄れてしまっているために自らの生命を守れなくなっているだろう。心に違和感を感じたら吐き出す。それが自分を守るポイントだ。いわゆる流行や社会の体制に毒されるのも、自分を失うことになるわけだ。

本物の男には、逃げ場がない
本物の男には、依存心がない

本物の男には、被害者意識がない
本物の男は、直球を投げる
本物の男なら、感情一本で通る
本物の男なら、立ち向かう
本物の男には、恐怖心が少ない

さて、君はこの中で該当している項目がいくつあったか？　おそらく少なかったのではないのかい。男らしくなりたいというのなら、ひとつでもふたつでもいい、真剣にとらえて行動してみなさい。そうすればごく自然に「君は男らしいね」と言われるようになるよ。

「器の大きい人間」の本質

Q――人間の〝器〟というのはどういうものでしょうか。できれば器の大きい人間になりたいと思いますが、持って生まれたものなのか、それとも経験や生き方で身についてくるものなのでしょうか。私自身はちょっとしたことで腹が立って怒ってしまったり、とても器が大きいとは思えず、彼女の言葉にムッとすることも多くて……。そのたびに彼女は「男のくせに女の腐ったみたいに細かいところでいちいち怒っているんじゃないわよ」などと私を責めてくるのです。それがますます腹立たしかったりという具合です。どうすれば、まわりが認めるような器の大きな人間になれるのでしょうか。

器ですか。量とか数の問題ですよね。あたしゃ、そんなものどうでもいいと思っていますよ。知識の量をたくさん増やして知識人になりたかねぇし、金をたくさん稼いで銭勘定したくもねぇからね。

器なんて美しい言葉を使っているけど、その裏にはいやらしいものがひそんでいるだろう。「お前は器が小さいからな」という言葉の裏には、俺はこんなに持っているという優越感、うぬぼれが見えてくる。相手に対する軽べつ、差別すら感じるね。そんな器のでかさならいらないよ。

君の場合、器なんてことじゃなく、ふだんの生きざまに迷いがあったり弱気があって、負け意識が腹の中にたまっちゃっているからちょっとしたことでイライラしたり、腹を立ててしまうんじゃないのかい。もう少し自分でやるべきことをしっかりやって自分に自信をつけることだな。

そうすれば自分の中に納得感が生まれてくるよ。そして、君の言葉を借りれば、君の器の中にある「人に認めてもらいたいという欲望の量」を減らしてみたらどうなの？　減らすことでその分、余裕が出てくるよ。余裕を持てば、彼女がどんなことを言おうと、笑ってすませることができるんじゃないのかい。それにしても君の彼女はすごいね。女の腐ったみたいに…と言われているんだろう。ってことは、女は女自身のイヤな部分を知っていて、それを棚に上げて男を罵倒するのだからすごい。かなわねえな。てなことを彼女に言うと猛反撃を食らうからよしなさいよ。

話を戻すと、器なんて気にしなさんな。それよりも自分がしっかりと生きることで自信をつけ、余裕を持ち、男らしくしっかりと生きていればいいんだよ。いいものは、どんな器にのっかってもいいんだからさ。

考えてみなよ。腐った魚をすばらしい器にのっけて食えば、うまいのかい。ふつうの人間ならごまかされるわけがねえだろう。腐っていれば臭いしさ。しかし、逆はあるんだよ。船の上で、とれたばかりの魚を、ボロボロのまな板にのっけてさばいて、そのまま食ってもうまいだろう。人間だって世間で言うどんなにいい大学、有名企業に入っても、あんた自身が腐っていれば、煮ても焼いても食えねえんだよ。

近頃は、生活が安定しているからという不純な動機で公務員になりたがるだろう。そりゃ、器は立派だよ。学校も警察署も役所も、金をかけた立派な器ができているよ。だけど肝心の人間が腐ってイヤな臭いをさせているじゃねえか。どこに子どものことを真剣に考えている先生がいる？　どこに弱い者を助けようとする警察官がいるんだよ。俺のほうがよほど気が利いているよな。

繰り返すけど、人間なんて器じゃないよ。てめえ自身が生き生きとしていればどこへいっても慕われる人間になるってことだよ。そうすればあんたのきつい彼女も納得するはずだぜ。

運・ツキとどうつきあうか

Q――私は現在、社会人2年目の24歳。仕事は食品製造関係の機械の営業を担当していますが、最近、売り上げがガクッと落ちてしまいました。会社はもちろんですが、何より私個人の成績がガタッと落ちてしまったのです。同時にプライベートな面でも、彼女にフラれるわ、サイフを落とすわ、さんざんです。そして、麻雀もここのところ大負けが続いているのです。まったく何をやってもうまくいきません。会長、ツキや運とは何なのでしょうか。いったいどうすればツキや運を取り戻すことができるのでしょうか。

ツキや運のことを答える前に、銅と鉛の話をしましょうかね。銅も鉛も、同じ金属ですね。しかし、同じ人間でも性格、性質がまったく違うのと同じように、銅と鉛も性質はまったく違います。

銅は非常によく熱や電流を通す伝導体ですね。電線に使われたり、強い火力を必要とするときは銅の鍋を使うでしょう。その一方、鉛は熱を通しにくい性質を持っているわけです。

人間を2通りに分けて考えると、伝導性の高い銅体質の人間と、伝導しにくい鉛体質の人間がいるとしましょうか。君は完全に銅体質の人間だね。不安や恐怖、悪い状況。銅体質の人間は、すぐに伝導させてしまう。

君の場合、仕事から始まって恋愛、賭け事、サイフを落とすなど、悪い状況をどんどん伝導させていっているわけだ。そのうち病気までもらってくるんじゃないか。

さて、恐怖や不安、運のなさはどこからくるのか。何も外からやってくるばかりとは限らない。ほとんどは自分の内部から沸いて出てきていると考えてさしつかえない。では、内部とはどういうことか。

たとえば、状況が悪ければ運がないと言い、状況が良くなれば、それは実力であると胸を張る奴がいるね。そういう人間はじつに多いのだけれども、君もまさにそんな奴だと思う。君の体質は自己中心的で、ご都合主義だとみてとれるんだよ。

私はよく「良きことも、悪きことも我が親友なり」という言葉を使う。良いことも、悪いこともすべて自分が起こしたものだと考えろということ。私にも運やツキはある。まあ、20年のあいだ麻雀で勝ち続けてこられたのだから、運は太かったとは思う。

しかし、その私が思うには〝最悪最低の状況に自分が置かれたときこそ真の実力なり〟。言い換えれば、運やツキがないときこそ、自分の実力の表れだと思っている。

ところが、君は違うだろう。正反対じゃないかい。売り上げが伸び、麻雀にも勝ち続け、彼女にも愛されているときは、「これが俺の実力だ」と考えるし、それらの状況が一転して悪化していくとたちまち「運が悪い、ツキが回ってこない」と嘆くのだろうよ。

状況が悪いときこそ実力である。ここをまず認識しなさい。その上で、実力を上げる努力が必要だろう。力を磨き、男を磨く努力を惜しんではいけない。少なくとも運が悪い、ツキがないと考えている限り、君の実力はさらに落ちる一方だから、日頃の努力で地力をつけるしかないんだよ。

心を強くする打ち方

Q――僕は、麻雀が大好きです。ただ雀鬼流の麻雀をすべて受け入れることが、いまのところできないでいます。何かにとらわれているようで、どうしても抵抗する気持ちが出てくるのです。ただ会長がおっしゃるように「勝つ麻雀よりよい麻雀を」「恥ずかしくない麻雀を打つ」、さらに字牌やドラを大切にするというのはとても大事なことだと思います。会長にとって麻雀の醍醐味とはなんなのでしょうか？　僕の場合は「ハラハラドキドキ、何が起るかわからない」ということです。また会長の言う「強さ」とは「自分に恥ずかしくないことをする」と解釈していますが、それでよいでしょうか。

ハラハラ、ドキドキすることに麻雀の醍醐味を感じるということは、キミは初心者ですね。私たちには次の展開がわかるからハラハラドキドキしないし、醍醍味を感じたりはしません。むしろ麻雀は心の強さを鍛えるためにあり、そこに醍醐味がある。麻雀は自分にとって都合のよい展開にもなるし、悪い局面にもなる。それを素直に受け入れられるかどうか。麻雀の本質は、そこにあると考えていますよ。

人間には建設的な志向があるよな。表向き、がんばりますと言うだろう。その一方でじつは心の中でダメなんじゃないかなとも思っている。堕落して怠け者で生きていきたいという気持ちもある。君だって朝、起きたくないだろう。眠くて眠くて、このまま寝ていたいと思う。ダメなほうへ行きたくなるじゃないか。

つまり、人間には前へ進みたい、よくなりたい、という願望の裏側には、後ろに下がりたい、ダメになりたいという深層心理がある。

人類の歴史は建設と破壊の繰り返しだろう。建設しては壊し、結婚しては離婚する。いまも泥沼の国、男女、人間関係があるよな。麻雀もそう。調子のよいときはイケイケでくるけれど、不調になるとやばい、ダメだという気持ちになる。そこで投げてしまったり、ヤケを起こしてずぶずぶになって負ける道に我が身を引きずり込んでいく。

そこで私が常々言っているのは、心の強さを持ちなさいということ。そのためには心と体のバランス、調和を保ちなさいと言っているわけだよ。わかりますか。

バランスは一定しない。季節の変わり目に体調を崩しやすくなるのと同じで、いつも一定しているわけではない。心の弱い人は自然の変わり目で不調をきたし、そのままひきずりこまれ、自ら倒れてゆくわけだ。でも強い人は変わり目にバランスを崩しても、自分の心の強さで立ち直ってバランスを保つ。これが、麻雀という単なるゲームに如実に表れるわけだ。心の弱い人は、ちょっと場面が悪くなるとヤケを起こしてどんどん負けていく。あるいは、お前が鳴いたから、振り込んでしまったと人のせいにもしたくなるだろう。

そういう心の弱さは、じつは自分があがりたい、勝ちたいという執着からも生まれてくるんだ。初心者だから仕方ないが、ハラハラドキドキというのは執着から出てくる、心の揺れとも言えます。

心を揺らさず、局面が悪かろうが良かろうがバランスを保つ。それには独りよがりの麻雀を離れ、つねに他のメンバーの状況に合わせて打つ。それができないのが、私の言う「恥ずかしい打ち方」。

強い麻雀とは、他の３人のメンバーとのバランス、調和です。一体感です。勝っても負けても、都合がよくても悪くても、淡々と打つ。それが大事なのですよ。

男の意志のつくり方

Q――どうすれば意志の強い人間になれるのでしょうか。と言いますのは、僕は何かをやると決めてもなかなか実行できないのです。会長は草野球のチームをやられているとき、15年間も毎朝早く1日も欠かさず参加したそうですが、僕にはとてもそうしたマネができそうにないなあ、と思ってしまうのです。先日も、いままでより30分早く家を出て、会社でその日の準備をすることにしようと考えたのですが、結局、1週間ともたず、挫折してしまいました。どうすれば自分で決めたことを守れるようになるのでしょうか。

自分で決めたことや人との約束ごとを守れないのは、ふだんの生活の中で守りを固めて生きているからですよ。一般的に「守る」と表現するけれども、私が思うに、「守る」というより「約束との闘い」とか「約束への攻撃」と言ったほうが正しい。

私は若い頃から何かに向かって闘うことが大好きで、対象が「約束」や「信頼」でも、負けてたまるかという気概を持っていたね。周囲に弱っちい奴が多いから、「俺がやったる」という気持ちで闘いを楽しんだ。その結果として「約束を果たす男」になれたと思っている。

ところが、君もそうだが、多くの人がふだんの生活で闘う意志を持たず、すぐに守りという領域に入り込み、堂々と勝負をしない。逃げているわけだ。

それとね、大事なことは約束ごとと利害を混同してはいけないということ。たとえば

「１００万円あげるから3か月間、30分早く出社しろ」と言われたら、君も必死で実行するでしょう。それで君は約束を守ることができたと考える。しかし、こんなのは約束なんかじゃないよ。

わかりますか。たまたま１００万円ぶら下げられたから実行しただけで、自分が得するから動いただけでしょう。じつはいまの世の中は、この程度で動いているんだよ。逆に利害のないところでは多くの人たちは平気で約束を破るだろう。行動の根本原則は、損か得かでしかないじゃないか。だから勝手な奴ばかりがはびこるんだよ。

私は15年間、草野球をやったけど1銭の金にもなっていない。だからこそやる価値があるんだ。

本当の約束ってのは、今日も「無」、明日も「無」、1年先も「無」であってもやり遂げること。それが強い男の意志であり、約束力ってことなんだよ。

でもな、世間様は「有」を求めるだろう。「有」じゃない場合、逃げ場をせっせと作って、逃げ込んでしまう。そんな奴に意志の強さは湧いてこないよ。利害関係の欲の皮が動くだけで、それを意志だとカン違いしている奴らが多すぎるね。

本当の意志っていうのは、「無」から「有」を生み出すことだと思う。男の意志をつくるには、損得関係のないところで実行しなさい。男の意志は金勘定ではなく、自分との闘い、約束との闘いによって得られるものだと私は確信しているよ。

「突っ張る」か「おりる」か

Q——大学に入ってから麻雀を覚え、いまは友人たちとよく打つのですが、いろんな雑誌や単行本などで会長のことを知り、深く感じ入りました。そこで僕も会長の言にならい、相手からリーチがかかっても、これまでのようにベタおりせず、場面によっては突っ張るのですが、けっこう振り込んでしまいます。自分では納得して振り込んでいるつもりですが、まわりの友人たちから「なんでそんなに突っ張るんだ？」と言われます。「強い麻雀」という会長の言葉に従いたいと思うのですが、解釈が間違っているのでしょうか。そしていまのように振り込むことがあっても、本当に強くなれるのか、少し不安もあります。

人はいかに生きるか。それは自然にふるまい、自然体で生きること。これがもっとも大事なことだ。なぜなら、自然体で生きることができれば何事にも動じないし、どんな局面に遭遇しても納得感も生まれる。

自然のもつ穏やかさ、優しさ、美しさ、そして厳しさは人間の比ではない。人間は自然にはかなわない。私がもし風や太陽や水と麻雀を打ったら、1度も勝てないだろう。それほど自然というものは、強い。

麻雀というゲームは、フリコミとアガリによって成立しているよね。ところが、それをどちらか一方にかたよらせようとしたらとても不自然だろう。君が「強い麻雀」と言っているのは勝てる麻雀のことを言っているのではないのかい。そのこと自体、すでに不自然なんだよ。

人間には、勝ち欲というのがある。人よりも勝ちたいがためにフリコミを極端に避け、あがることばかりを求める。自然が織りなす天気だって晴れもあれば、曇りもある。雨や雪だって降る。どれをとっても自然から与えられた恵みのはずなのに、人間は自分の都合によって晴ればかりを求めたりする。晴ればかりが続けば、大地は乾き、生物は死に絶えるのにな。

フリコミもアガリも、自然の恵みであると考えることが、まず第一です。ところがあがりたい、勝ちたいという気持ちで打つから卓上が乾いてうるおいがなくなり、その場が死に体となってしまう。もちろん、私も劣勢になるけれども、それが自然であると考える。

恵みの雨であり、台風だってよどんだ空気を一掃してくれるのと同じように考えるんだよ。また晴れるんだからさ。

しかし多くの人は劣勢に立たされると必要以上に焦ったり、悩んだり、人を恨んだりする。それにとらわれてしまうわけだ。人生でもひとつのことにとらわれてしまったら、病気になるだろう。女にフラれてずっと悩んでいたら女性恐怖症になってしまうだろう。だから執着しちゃいけないんです。物事を総合的にとらえる。総合的というのは、まさに自然なんだよ。アガリもフリコミも自然が織りなす業であると考えられれば、あがっても振り込んでも心の起伏もなく、当たり前の行為と受け取り、納得したゲームになるはずです。

そして、大事なのはフリコミ、アガリにも、良いものと悪いものがあるということ。強い人は決して振り込まないのではなく、良い振り込み方をする打ち手のことを言うんですよ。たとえば、ずる賢い頭を使う奴を叩いて、弱そうな子に振り込む。つまり、損得ではなく、恥ずかしいことはしないとか、情けないマネはしない。それを我が身に言い聞かせながら打ちなさい。

目先で自分を裏切らず、そうした心がけを忘れなければ、勝てる麻雀ではなく、強い麻雀を打てるようになると、私が保証するよ。

崖っぷちを楽しむ

Q――父親と卸問屋を営んでいたのですが、6年前、父が心臓発作で倒れて植物状態になり、一人で苦労しながら切り抜けました。その父も2年前に亡くなり、母親も年金生活になって金銭的にはラクになりました。仕事も順調で自信もついてきたのですが、最近、売上げがガタ落ちなのです。不景気のせいでもあるのですが、これまで経営者ヅラしていろいろチャレンジし、外車を乗り回していられたのも、父親の残した信用と余力のおかげだと気がつきました。父はクビ同然に会社を出されて独立、わずか10年で家を建替えてベンツを手に入れました。自分にもそれができると思い、ここまで来たのですが、崖っぷちにきてしまいました。でも、悲観的な焦りはありません。いまは自分なりの仕事に対する展望もあってそれなりに充実していますし、はっきりと自分の進むべき道が見えていますから。そして、もっと人間的に成長して、この崖っぷちを楽しめる人間になりたいと思うのです。

この人は何も問題はないね。自信と失墜を行ったりきたりして、心を揺らしているにすぎない。自信をすっかり失っているわけじゃないよね。

というのは、自信喪失症や無気力人間に落っこちてしまっている人がたくさんいる中で、君はまだまだ余裕があるように見えるよ。

崖っぷちに立っているという実感を持っているのはいいことだと思う。危機意識を感じない人間は、むしろ大きく伸びない。

そういう意味でも私が見るかぎり君は大丈夫だ。崖の向こう側には落ちはしないよ。これまで順調過ぎた会社の経営に、ちょっとかげりが見えてきたという程度だね。

私も、麻雀を長い間やってきた経験から言えば順調という状況が延々と続くはずはない。反面、不調も同じこと。いずれも長くは続かないよ。

しかし、不調から脱出するには、やるべきことがあるのは当然だね。ツキが回ってくるまで努力や工夫を重ねていくこと。君の場合は、しっかりとした考え方を持っているから、絶対に立ち直れると思う。

私は、麻雀でのツキの動きについて、よくこんな話をして若い人たちに聞かせる。

——海岸で寝ころがって空を見ろ。空には太陽と雲がある。太陽はいつも顔を出しているわけではあるまい。太陽は雲間に隠れることもある。それが不調である。しかし、雲は流れて再び太陽が顔を出す。それが自然の条理である。ただし、ツキをものにできる人間は、その雲の大きさを知り、雲の流れの速さを知る——

いまの君は、かげりが来ていることには気がついている。しかし、その雲の大きさや流れの速さを、まだつかめていない状態だと思うね。

それを知るには体験しかないんだ。努力や工夫をしながら、自分でつかんでいくしかないんだよ。つまり、経験を積むことで雲の大きさ、流れの速さを見極める力が磨かれていくわけだ。

ところが、多くの人は、自ら雲をつくってしまうんだね。そんなに大きな雲じゃないのに、一生晴れないのではないかと思い込む。それによってますます落ち込む。晴れているのに、まだ暗雲がたれ込めていると信じてしまう。

そういう人は、自然によって起こる条理を素直に見つめることだね。君に不安があるとすれば、ここです。自然の条理を見ることができるかどうか。

だがね、ベンツに乗れたからって、威張れるものじゃない。立派な家、豪邸に住んだから、それだけで尊敬される人物になれるわけではない。

そこをカン違いしないで欲しいね。あくまでも自然の流れ、その奥深い条理に逆らうことなく努力することが大事だと言っておきます。

本当の幸福に近づく方法

Q――〝幸せ〟〝幸福〟とはなんなのでしょうか。やっぱり人間は不幸な人生より、幸せな人生のほうがいいに決まってますよね。でも、その幸せがいったいなんなのか考えてみると、わからなくなってしまうんです。私はふつうのサラリーマンとして仕事をして、たまに遊んでもいます。そして、とくに病気をすることもなければ、ふさぎ込むような悩みもありません。これをもって、幸せかというと、少し疑問です。それじゃあ、もっと金があれば幸せなのか、仕事で成功すれば幸せなのか。それも少し違うような気がして……。

私はいま、たいへん幸せです。しかし悩みや病気がないからではありません。いまもトラブルや悩みをたくさん抱えています。でも、幸せだよ。

私は問題のない日々が続くとかえって退屈する。それよりトラブルや問題を自分で解決するのが面白いんだな。問題があれば、正面からぶつかって闘ってやろうという闘争心もわくし、問題が解決されれば達成感も得られる。つまり、私は闘争することによって男としての生きがいを感じ、生きている実感を得ているのだと思う。

逆に君はトラブルや問題を避け、闘争しない生き方をしているんだろうね。だから幸福感もなければ、不幸の感触もない、つまり、平々凡々な暮らしをしているから生きている実感がないんだろうよ。

そこで問いたい。自分という存在そのものが好きですか、と。ナルシズムではなくて、これまでの生きざまを含めて、いまの自分を客観的に分析して好きかどうか。いまの自分が好きで十分だというのなら、それはとても幸せなことです。しかし、君は幸せを実感できないという。もしかしたら自分を好きではないのかもしれないね。

幸せは、どこにあるのか。私はこう考える。人は心と肉体からできてるよね。まず自分の心をいっぱいに開くわけ。そして、行動を惜しまない。おのずと人とのあいだに信頼関係が結ばれるよね。その信頼の先に愛があり、愛の先に幸せがあると。

ところが、いまの人たちは先に愛や幸せを求めてしまうだろう。愛や幸せの保証がなければ何もやりたくないと。そうじゃないんだ。やることをやって愛にたどり着き、幸せをつかむことができるんだよ。

しかも、幸せを感じられない人はこの流れを直線でとらえるから、はるか遠い彼方に幸せがあると思っている。その結果として努力しても到達できない、手にできないと思い何も行動を起こさないわけだよ。

しかし、これを円でとらえたらどうか。心を開き、惜しまずに行動する。その結果として信頼が生まれ、愛が育まれて、幸福を感じるわけだろう。グルッとまわったら自分に戻る。つまり、自分のすぐ隣、身近なところに幸せがあるってことだよ。

だから私は君に自分を好きですか？　と問うたんだよ。自分を見つめなさい。他人と比較しちゃだめだ。人との比較や競争で得られる幸福感など、ニセモノだ。

まず自分の心を開き、問題やトラブルを恐れずに行動しなさい。それで君は生きている実感を得られるはずだ。そうやって惜しみなく行動していれば、人との絆がしっかりと結ばれていくよ。その結果として愛が生まれる。愛があれば、君は誰がなんと言おうと〝幸せ者〟ってことだろう。

漢と男の約束

Q――私は明日から新しい就職先で仕事を始めます。去年の末まで福岡で暮らしていましたが、大学生活、就職してからもギャンブルの誘惑に負け、400万円の借金を作りました。

あるきっかけで親にバレて、相談した結果、家族の協力を得て、やり直すことになりました。両親、私、弟とそれぞれワケありですが、〝己に厳しく〟を合言葉にがんばります。こうして筆をとったのは、私の胸のうちをさらけだしてケジメをつけると決めたからです。大学時代から尊敬している桜井さんに自分の決心をつづることで、これから先、もし自分を甘やかすことは、すなわち、桜井さんに対してウソをつくことになります。それだけは絶対にイヤです。借金の返済は、民事調停をふくめて3年間かかります。その間、そして、それ以降も、漢でありたいと思いますので、ここに約束させてください。私はこれから1人の漢として生きていけるよう精いっぱい、前向きに努力致します。

ヨシ、約束、確かに受けた。漢と男の約束、これは楽しみだな。約束を守るというのは厳しいことだぞ。だけど、楽しいことでもある。約束を守っていれば、どんな人の前に出ても堂々と生きられるじゃないか。こんな楽しいことはないぞ。まず、お前には、その楽しみに気がついて欲しい。

じつは、人間は誰でも約束を破っている。絶対に約束を破らないという人間は１人もいない。ただな、約束をたくさん破るとお前のようになるんだ。約束でがんじがらめになって、約束の肥満児になっているんだな。そして借金だらけ、負い目ばかりになっちまう。

私は口約束を信用しない。いわゆる言葉だな。行動を伴わない奴との約束ほど虚しいものはないぞ。

たとえば、お前は、新しい職場で再スタートする。そして、お前は会社の人や家族に言ってるはずだ。「死ぬ気で頑張ります！」

こういう安物のドラマのセリフじみたことを言う奴にかぎって、「風邪をひいたから今日は休みます」と、平然として言うんだよ。死ぬ気で頑張ると大見得を切った奴が、風邪ぐらいで休むかって。これまでの君は、そういう人間だったんじゃないか。

人が約束を破ったり、ウソをつくとき、必ず持ち出すのが〝大義〟ってやつだ。仕事という大義、そして病気という大義…。わかるかな？「仕事があるから、今日は行けない」とか、「熱があるから行けません」と、一見、正しいように見えることで、どれだけのごまかしがこの世の中多いことか。そしてどれだけ大切なものが失われていることか。

まず自分にウソをついているだろう。自分を裏切ってる。その延長線上に人様を裏切ることになり、信頼を失っていくわけだろう。つまり、二重の罪を犯しているんだ。

だから、大事なことは人との約束じゃない。大義に逃げないこと。それは、自分との約束でもある。自分を裏切らないか、裏切るか。つまりどれだけ自分を大切にできるか。ただしこれはエゴではないんだぜ。

約束を守るというのは、愛にもつながっていくだろう？　愛情を感じてないから、自分までもごまかしているわけだ。ところが、コイツは私を尊敬し、好きだと言う。好きな人間と約束をしたいと。素直な気持ちだろうと思う。だから自分のまわりに好きな人ばかりなら、コイツも約束を守ることができるんだけど、いないんだな、きっと。

そこで言っておくけど、「２度と約束を破りません」なんてできもしないことを人様に言うな。せめて約束を守る期間をできるかぎり長くする。そう言えばいい。

これは自分との闘いだ。そして、俺と約束したからには、約束を破るときは、俺を殴ってからにしろ。ささいな約束でも果たし終えたとき、君は約束を守ることの楽しさに気づき、自分に自信が持てるようになるはずだ。約束も格闘技なんだぜ。

勝つことに意味があるのか

Q――私は先天的に賭け事はだめで、麻雀、競馬をはじめとしてパチンコにいたるまでいっさいしません。しかし、約６年前から自分でビジネスを営み始め、いつも感じることはいま現在の一瞬一瞬が勝負で、どう動くかはギャンブルと同じではないかと思います。できるかぎり自分で管理できることの領域を大きくし、できないことの領域を少なくする。そして両者のバランスをつねにとる。こんなふうに考えています。先生は勝つためのシナリオをどのように組まれますでしょうか。100%安全圏というものを麻雀の勝負の世界でつくることは可能なのでしょうか。優位な立場でゲームを進めるための駆け引きにおいてどのような点に気を使われていますか。

コイツはじつに問題のある人だね。何? まっとうなことを言ってるじゃないかって? たしかに一見、マジメな男に見えるだろう。麻雀、競馬、パチンコ、いっさいの賭け事はやりませんと言っているんだから。だけど、すべてお見通しだよ。僕は損になることはしません、「得」しか考えてませんと表明しているだけだろう。

「100%の安全圏」だの「優位な立場でゲームを進めるための駆け引き」だのという君の言葉によく出ているよ。

答えてあげよう。100%安全な場所などどこにもない。麻雀の世界はもちろんだが、ビジネスだって日常生活だって同じこと。君がもし、100%安全な場所だとか、優位な立場を得るために、なんらかの「駆け引き」を学びたいのだとしたら、私の中にはそんなものはひとつもない。

　だいたい人間どうしの駆け引きなんてたかが知れている。天の運、自然の力…その力の前では人間の知恵なんてちっぽけなもんだ。20年間の麻雀の闘いを通して私が学んだのはそのことであり、それに背かない生き方でもあった。

　たしかに私は20年間無敗だった。だが決して相手を陥れ、自分の優位を確立して勝ってきたわけじゃない。ギリギリのところで勝負してきたんだよ。そして勝ち続けたが、勝つことの虚しさも同時に身にしみているんだ。

「勝つためのシナリオ」とキミはいう。だが、勝つことってそんなに素晴らしいことかい？　競争で勝つってことが、大事なことなのかい？

　この競争の原理、勝つことを第一とする価値観や哲学が、さまざまな問題を生じさせているんだ。受験戦争、出世競争、殺し合いの戦争……、こうした勝ちへの執着が勝者と敗者、貧と富をつくり上げ〝悪〟の温床になっているんだよ。

「勝つことを求めず強さを育む」

　これがオレの根本哲学だよ。人の世の問題はすべて弱さから生まれてくる。肉体も弱い部分が病気になるだろう。強ければ健康になれるじゃないか。真の強さを持った人間は、絶対に弱い者と戦おうとは思わない。つまり、人がそれぞれ強くあれば、他人と勝負をのぞまず、健康で平和な社会が生まれるのでないのか。私はそう信じている。

たとえば、私がやってきた裏プロの麻雀は、駆け引きの気持ちが出てきたときに負けるのがつねだ。駆け引きは、自分が楽になりたいという弱さから出てくるものだろう。相手を引っかけ、落とし穴を使って自分が優位に立とうというのは、相手も自分もごまかす行為だ。それを続けていれば最終的には病気になってしまう。お前さんは、それをやろうとしているんだよ。

君にはまずパチンコでも競馬でもやってみろと勧めるね。そして5万円でも10万円でも損をしてみろ。失うことにお前が強くなれたとき、初めてまっとうな経営者、人間になれるはずだ。なぜなら麻雀もビジネスも、日常生活も、得るものと失うもののふたつがあって初めて成り立つのだから。

弱い男、強い男

Q――1年くらい前から自分の弱い心を直そうと思い、空手を習い始めました。でも、なかなか稽古についていけません。いまではほとんど休みがちです。やはり、蹴りを入れられたり、突きを食らったりすると恐いんです。痛いというより恐怖心が先に立ってしまって、どうしても及び腰になってしまいます。会長のように腹の座った男というか、何事にも動じないような格好いい男になれたらなあ、と本気で思っています。30歳を過ぎて武道や格闘技を習って、本当に強くなれるものなのでしょうか。稽古を積めば自分の弱い心を直せるものでしょうか。会長のように、修羅場をくぐらないとダメなのでしょうか。

まず、最初に言っておきます。腕力も知識も、ときによって何かの役には立つ。しかし、それに勝るものは、挑戦していく気持ち。わかりますか。逆に言えば、挑戦に勝るものはないということだね。

ところが、この人はその挑戦する気持ちがなえているんだね。せっかく空手に挑戦しているのに、痛いという恐怖心に負けて挑戦心がなえてしまっているわけだ。残念だね。

ただ、この人がいいなと思うのは、自分が弱い男であると認める強さがあるということ。やや逆説的だけど、自分を弱いと認めるのは、たいへん勇気のいることだからね。案外、強い男じゃないのかな。

結論から言えば、恐怖心や不安をすべて取り除くことはどんな人間でも不可能だ。恐いもの知らずのように生きてきた私自身、恐怖心も不安もある。ただ、恐いという度合い、度量があなたよりも少ないだけなんだ。

なぜ少ないか。私自身の理念のひとつに「楽しみも苦しみも共に我が親友なれ」という言葉がある。楽しいことと苦しいことを分けて考えずに、共に自分の友達だと思っている。

子どもの頃から、私は恐いものが好きで挑戦心が湧いてきたね。

たとえば、あの先生は恐いからイヤだ、とみんなが思う先生だと嬉しくなった。他の子は、目が合わないように下を向いているけど、私は先生が背中を向けて黒板に字を書いていると、わざとゴホンと咳をしたり、椅子をガタンと直してみたり、自分から挑戦していくんだ。すると向こうは、お前は何者だ? という感じで見る。つまり興味をもつ。そして、いつの間にか、先生と仲良くなるんだ。わかるかい。恐いからと縮み上がっていると、恐さは倍増するということだよ。

あなたの場合で言えば、蹴りや突きを必要以上に痛いものだと思い込んで、縮み上がっているわけだよ。同じ痛みでも、受ける前から痛いだろうなと想像し、さらに実際に受けたら、想像プラス実際の痛みによって倍痛くなるよ、本当に。つまり、同じ痛みなら、1

度にしときなさいよ。そのためには痛み、苦しみも友達だと思いなさいと。そうした楽しむ気持ちがあれば、ごく自然に腹は据わってくるんだよ。

たしかに私は、路上格闘技という修羅場を幾度も体験してきた。その経験から言うと、いかに武道、空手をやっていても、ケンカ慣れしている奴には勝てないと強調しておきたい。なぜかといえば、最初から度胸、勇気、余裕の点でケンカ慣れしている奴のほうが一枚上手なんだよ。

つまり、緊張している奴は、体を鍛えようが、縮み上がっていたら、動きも固くなり、殴られたときの衝撃も強くなる。だから苦しいこと、痛いこと、それも友達と思う。そうすれば柔らかい強さを身につけられるはずだよ。

「ワル」の生き方

Q――私はある事件を起して、現在、拘置所で裁判を受けている21歳の男です。中学、高校時代、ろくに勉強もせず、遊び気分で通った専門学校も卒業こそしましたが、何も身についていません。卒業後も営業職を1年で退職して親のスネをかじり、苦労もせず中身のない生き方をしてきました。やりたいことだけをやり、悪いことに手をそめ、しまいに警察に捕まるようなくだらない男になってしまいました。春には裁判も終わり、世間に戻れるようになると思いますが、このままどうでもいいような一生を送りたくありません。どのように生きられるのか、人以上に良い生活を送ることはできないのだろうかと、拘置所の中でさんざん考えました。さまざまな本も読みました。自分を高めたいという向上心は人一倍あります。しかし、どうすればいいのか、具体的なことになるとさっぱりわかりません。頭と体をどう使えば成功するのか、順序すらわかりません。10代のころ、もっと苦労しておけばよかったと後悔ばかりしています。ただ恥をかかせてしまった両親のため、まわりで笑った人を見返すためにも、成功し、今後の人生を胸を張って生きたいと思う気持ちだけは絶対に誰にも負けません。僕が人に誇れる唯一の長所は、〝飛び抜けた行動力〟だと思います。こんな僕でもまっとうな生き方ができるのか、ぜひアドバイスしてください。

ワルからの手紙だな。いいじゃねえか、ワルでよ。

しかし、カン違いするな。自分はワルだからワルでしか生きられないなんて開き直りは弱者の最終手段だぞ。ということは、お前さん自身、よく知っているはずだな。

お前さんも開き直って行動し、警察の世話になって失敗したなと気がついているだろう。

こうしたワルガキの最大の弱点は、悪い方向への行動力があるってことだ。お前さんも言っているように悪いほうへの〝飛び抜けた行動力〟を持っている。それは、単なる開き直りにしかすぎないんだ。

ただし、私は根本的にワルを自分で認めた人間を信じている。

なぜかわかるかい。自分の悪さを自覚したところから善への一歩があるからだよ。ここが大事なところだ。

私が信用をおけないのは、自分はこんなにもいい人間です、自分は悪い人間ではありませんという面構え、態度の奴だよ。そういう人を食ったような奴らが多いんだ、この世の中は。

逆に、このあいだは素晴らしい人に出会った。6、7名の、この世の中では少しは頑張って自分の地位を築いたような人たちの中の1人が、ふともらしたんだよ。

「会長、私はね、子どもの頃、悪くってね。自分が大人になったとき、どんな人間になるのか、そら恐ろしかったんですよ」

私は、その人のすごさを感じた。「おぬし、やるな」と、素直に嬉しくなったよ。この人は、お前さんと違って、自分がワルだということを人生の中でいち早く気がついた。10歳くらいで気がつき、そこから一歩を始めているわけだ。といってお前さんが遅すぎるなんてことはない。

世の中には40、50歳の大人になっても、まだ自分のワルに気がつかない奴がいるよ。政財官界の中には人をだます能力にたけたエリートという化け物がいるじゃねえか。奴らこそ悪人だよ。悪人じゃなきゃ出世できない。それが人がつくった社会だろう。

私が言いたいのは、自分のワルに気がついたら人として恥ずかしいこと、人として情けないことをしないで、まっとうな道を歩ける人間になる大きなチャンスが来ているということ。決して人をだましたり、丸め込んだりするような成功者という悪党の道なんか行く必要はないってことだ。

俺も子どものころ、学校一、町内一のワルガキだった。その俺が言う。成功を求めるな。それよりも、人として恥ずかしくない人間になれ、と。少なくとも俺は自分をワルだと思っているお前さんを信用しているからな。

第2章

捨てる勇気、拾う努力

「温」「破」「立」の人間関係

親と子の関係はね、「温」「破」「立」これが原理だよ。子どもが小さい頃は、親は自らの温もりで必死に子を温める、それが愛情の豊かさだ（温）。そしてうんと温まった子は、やがて自らの力で、親が作ったカラを打ち破って外に出る（破）。そして親から離れ、子は我が道を歩き出す（立）。つまり自立ってことだ。

カラを破ってはいけない子、1人で歩いては危ない子だから、いつまでも親のそばにいて、いい子に言うことを聞くんだよ。それが家族愛だって？　バカじゃないのか？　そりゃ親が子どもに依存し、子が親に甘えてるだけの姿でしかない。

自然を見てみろよ。鳥のひなは時がくれば自らカラを破り、巣立っていく。それまで必死に温めていた親鳥も、それを見送る。育てた見返りなんて、これっぽっちも求めやしないよ。それが自然ってもんじゃないかい。

人間だけが、いつまでも家族ごっこを続けたがる。親と子は、もっともっと離れるべきもんだよ。

＊

私は、いっさい誰にも期待しないという生き方をしてきた。まわりの人はもちろん女房や子どもに対してもだ。というと冷たい人間と思われるかもしれないが、真の愛情と相手に期待することはぜんぜん違うことだと、考えているからですよ。

人は気軽に「期待しているよ」と言うけれど、この言葉の裏に〝依存〟という毒があることに気がつかなければいけないね。

そして、この毒を〝愛情という蜜〟と思い違いをしている人が多すぎる。たとえば、親が子どもに期待する。恋人が互いに期待しあう。上司が部下に、あるいは逆に。一見強い絆で結ばれているようだけど、果たしてそうか？

期待と裏切りは紙一重。もし期待に応えてくれなかったら相手を恨み、憎み、傷つけようとするのが人間だ。

もう一度、君たちのまわりの人との関係を見直してごらん。愛情と期待と依存、これらを混同していないか？

＊

雀鬼会の若い連中は私が道場に現れると、「おはようございます」と、私の目を見てはっきりした言葉で挨拶をする。

彼らが道場から帰る時も私の様子をうかがって、いまなら挨拶ができるなと判断したら近寄ってきて、「失礼します」と、言ってから帰り支度《じたく》をする。こんなあたり前な光景でも初めて道場にやってきた人間、とくにマスコミ関係者はビックリした表情で、「礼儀正しいですねえ」と妙に感心する。

当然のことじゃねえか、と私は思うけれども、近頃は、当然のことじゃなくなっているようだな。礼儀を知らないし、言葉づかいも悪いし、人間関係の〝けじめ〟のとれない奴らが多くなっている。

挨拶ごときと、バカにしていたら大間違いだ。

あたり前のことひとつひとつをキッチリやる。それが人としての基本動作であり、強さの源だと考えているがどうだろうか。

誰かが溺れかけたり、心が病んでいるとき、人は「おい、しっかりしろ!」と声をかけるだろう。この「しっかり」というのが、すべて基本なんだ。

物だってそうだろう。机だって、家だって、昔の物は何だってみんな丈夫で長持ちした。だから骨董品は価値あるものとして評価される。いまだってしっかりしたモノをつくればつくれるはずなのに、つくらない。すぐに壊れるモノをつくって、買い換えさせて、誰かが儲ける。

それが資本主義だって？　いい加減なモノをつくって売り、いい加減な人間を増殖させてきた制度じゃねえか。

人間どうしも、本来、しっかりした関係を築いていれば、すぐに壊れることはないんだよ。だから私は、しっかりした人間関係を築くために、まず挨拶をしっかりやれ、と言っているんだ。

ところが、このあたり前のことができていないから、すべてのことがけじめを失って脆《もろ》くなり、壊れやすくなっているわけだ。親子、男女、上司と部下しかりだ。

いま必要な勇気とは

Q――19歳ですが、私は、親にとってずっと良い子で、ケンカはもちろん口ごたえしたこともありません。とくに両親が離婚しているので迷惑をかけられないという気持ちが強く働くのです。親だけではなく、すべてまわりの人に対してもそうなのです。これを言ったら相手に悪いのじゃないかとつい遠慮して本当の気持ちが言えず、いつも一歩引いていた感じがします。これが優しさなのか、弱さなのか、それとも人に何か言われるのが恐いだけなのでしょうか。何事にも揺れない心を持つにはどうしたらいいのでしょうか。

結論から言えば、君は弱いんだよ。自分が優しい人だと思うなら、悩むことはないよね。そのままでいいのだから……。

でも君はいま悩んでいる。人間は、何か悪いことをしているとか、ずるいことをしているときに悩むんだろう。善いことをして苦しむ人はいないよ。

この人は、一見、良い子だ。しかし、悩んでいるところをみると、やはり悪いことをしているわけだね。直接他人に悪いことをしているのではない。自分に対して悪いことをしているんです。つまり、自分をごまかして生きている。その結果として、まわりの人をもごまかしていることになると私は思います。だから君も悩んでいるのではないかい。

君は「これを言ったら相手に悪いのじゃないかとつい遠慮して」と言うけれど、これは相手のためじゃなく、自分が傷つきたくないという防衛本能ではないのかい。

人間関係は、お互いの都合でつながっているものなんですよ。一見、優しさに見える君の言動は、結果的に人に都合よく扱われがちだよね。そこに君の本当の悩みがあるんでしょう。

「私を都合よく扱わないで」

と本当は言いたいんだろう、違うかい。

君の人生、19年ですか。きっと、どうか私の周りで悪いことが起きませんようにと願ってばかりいたんだろうな。壊れないように、壊れないようにと恐る恐る歩んできたんだろうね。

「ガラスの少女」ですね、君は。美しいけど壊れやすいガラスのイメージかな。おとなしくて良い子でいなければ、壊れてしまう、とても脆いガラスだよね。

ましてや、人とぶつかりでもすれば粉々に割れ、元には修復できない破片になってしまいそうな感じだ。だから人と触れあうことも恐れてしまう。防衛本能が働き、相手とぶつかりあわないように自分をごまかして歩いてきたということだよね。

あのね、人間は誰でも傷つくことはイヤなことだよ。でも、指に傷を負うとしますよ。痛みは当然感じる。けれども、かならず他の指や他の部分が補って、その指の回復を待つでしょう。

ところが、「ガラスの少女」である君は傷を極端に恐れている。なぜなら、心はひとつしかないと思っているからだよ。一度ついた傷は二度と治らないと思っている。人の生命だって、最後に壊れるものだよ。よく言うでしょう。創造と破壊はつねに共にあるものだと。つくることばかり考えずに、ときには物ごとを壊す勇気を持ったらどうですか。壊れたら、もう一度、強いものをつくればいい。そうすれば人に都合よく扱われることもなくなるはずだよ。

創造と破壊は優しさだけでは成り立たない。これからの君に必要なのは強さだよ。

気が利く、気が利かないの差

Q——気配り上手の人っていますね。どうしたらそう言われる人になれるのでしょうか。先日、上司と飲んでいて、「お前は人は好いけど気の利かない奴だな」と言われました。たとえば、接待みたいな飲み会でも、つい先方のグラスがカラになっているのに気がつかず、先方に手酌をさせてしまったり。タバコに火をつけるといった細かい気配りが自分でも欠けているなあと思います。そういう自分の性質が仕事やプライベートに影響を与えているのでは？　と考えたら、恐ろしい感じがするのです。

ちょっとした気配りなんて2、3秒もあればできるんだよ、ふつうに気がつく人は。瞬間的に行動を起こせる人もざらにいる。そういう人は思ったことと行動が常に一致しているんだ。しかし、君の場合、思ったことと行動が別のチャンネルになっているからチャンネルを切り替えている間に、ことが終わっている。だから間に合わない。

もし全人類が君のように考えてばかりいてごらん。人間社会はそれだけで終わってしまうよ。考えてばかりで行動を起こさなかったらメシが食えねえじゃん。考えたことを行動に移すから生活ができるんだよ。

だから君も思考と行動を一致させたらどうなのよ。具体的な訓練方法を教えてやろうか。簡単だよ。朝起きたらすぐにまわりにある物を10個ほどチェックするんだ。時計は6時33分を指している。写真が6枚。ティッシュの箱が床に落ちている。灰皿には吸い殻が3本……、と日常のなんでもないことを毎日毎日チェックする。その訓練を続けると、しだいに時間が短縮され、最後には一瞬にして部屋全体をチェックできる能力が身についているよ。

つまり、チェック能力というのは慣れだからね。慣れていないから、最初はゆっくり、ひとつずつチェックしなければわからないだろう。でも慣れてくると、飲み会の席でも相手のネクタイがどうの、タバコの銘柄は？　と瞬時にチェックできる。すると相手のちょっとした動きで、タバコを吸いたいのだなと判断できて、さっとライターが出せるようになるんだよ。

本当の気づかいとは、言われる前にやること、見る前に心の準備ができていることなんだよ。だからボーッと歩いていないで、チェックだ、チェック。

もちろん、私はどんなときでも一瞬にしてチェックしてしまう。でなきゃ、麻雀なんかできないよ。相手がいま何を切ろうとしているのか、わかってしまうからね。だってさ、街を歩いていても女の子が前からやってくるだろう。ピンクの服だ、顔つきは？　目元はどうか、あれボタンが1個はずれている、と10項目以上チェックするからね。で、女の子に「ボタン、はずれていますよ」と言ってあげる。これが気配りだろう。感謝される。それがモテる男ってもんだよ。わかるかい。

だから宴会場に行ってからチェックしても間に合わないよ。ふだんの生活から始めなければ、スピード感は出てこないんだよ。

というより、チェックしない人間が多いよな。それがルーズとか怠け者とか、いい加減、約束を守らない、あてにならない、のろい、というように見られるわけだ。その人間は悪いことはしなくても、君のように「人は好いけど気が利かない」と言われてしまうわけだ。わかったかい、つねにチェックする習慣を身につけることだよ。

モノになる奴の片鱗

Q――会長から見た最近の若者の特徴はどんなものか、うかがいたいのです。会長がひと目見て、こいつは麻雀が強くなりそうだ、と予感させる人はいるのでしょうか。いるとしたら、どんな特徴を持っているのでしょうか。麻雀だけではなく人間的にもこいつはモノになりそうだとか、ダメだということもわかるのでしょうか。じつは一昨年から会社で採用の面接を担当しているのですが、人を見る目に自信が持てないのです。この人はできそうだと思った人が、すぐに会社を辞めてしまったり、逆に自分が不採用と判定した人が、入社後、よく仕事をこなしているのです。人を見る目、見方。ぜひ教えてください。

最近の若い人たちの特徴ね。痛みのわからない子、生活感のない子が増えているということだろうね。

そして、育った環境や社会の目標がそうであったように、自分の都合や打算で動く子が多いよな。つまり、上っ面の頭のよさ、要領のよさを感じるんだよ。人は〝気〟というものを持たなければいけないんだ。いまの人はそれが足りない。気を大切にしていないし、鍛えてもいない。日頃から気持ちを強く力を加えて生きていないから、すぐ無気力になる。自分の気持ちがない人間が、どうして他人の気持ちがわかるっていうんだ。

そうした特徴は麻雀の打ち方にも出てくるね。まず振り込むことを極端に恐れる。こうだよ、と教えても捨てられない子が多いんですね。かたくなだね。固定観念が強く部分的だね。精神の柔軟性・総体性をまったく感じられない子が増えているよ。

仕事でも麻雀でも同じだけれども、固定観念にとらわれずカンのよいこと、鋭いことが大事だ。つまり、瞬間的に判断ができて、かつその判断が的確であること。それが決断力にもつながるわけだ。

じっくり物事を頭で考えている奴は鈍いじゃないか。誰かが困っている状況でも気がつかない。煙草に火をつけた。灰皿がない。パッと取りに立てる子と、ボーッとしたまま座っている子では雲泥の差だろう。

それともうひとつ大切なことはバランス感覚ですね。豊かであることも、極端な貧乏であることもよくない。中庸《ちゅうよう》がいい。真ん中です。

企業がよくカン違いするのは、東大出ばかりありがたがって採用するだろう。学問ができるといっても、それ自体すでにかたよりです。偏差値なんてまさにそうだろう。だから銀行や金融関係は、ダメになっちゃったんだろうよ。東大出でもいいけれども、バランス感覚のすぐれている子なら、何人採用してもいい。しかし、たいがい頭はいいけど、人の痛みがわからないとかな、どこかにかたよったり、へだたりがある。

昔は万能という人間がいたよ。野球でいうならば、ピッチャーもできるし、バッターとしても優れている。足が速いから外野を守らせてもいいし、サードを守れる瞬発力もある。要するに、その人間の生きざまに固定観念がなく、柔軟性のある万能型が、どんな時代、どんな世の中になっても生きる力を持っているんだね。

しかし、よいところどりの感覚を持っている奴は必ずしっぺ返しを食らう。こっちの水は甘いぞと、自分が得する場所、居心地のよい所ばかり選んで行く〝蛍型の人間〟は、経済が悪化するとたちまち振り落されてしまうよ。だから辛いこと、苦労することをいとわずに生きられる人間、カンが鋭くバランス感覚のある奴なら麻雀も強くなるだろうし、人間としても有望だね。

何をどう楽しむか

Q――会長にこんなことを言うのは失礼なことと承知していますが、はっきり言って麻雀の面白さがよくわからないのです。学生時代、少しは打っていたのでルールぐらいは知っています。それでたまに誘われて打つのですが、いつも緊張してしまうのです。ヘンな手を打って迷惑をかけたり、バカなことをしているんじゃないかと気にかかります。誰かがリーチをかけたとき、振り込むのはいいのですが、「なんでそんなパイ切るんだ、みえみえじゃん」とか言われると辛くて。もっと強くて、気が大きければ麻雀も楽しめるのでしょうが、いまはビクビクしながら打っているのです。やっぱり向いていないのでしょうか?

麻雀を深く重くとらえるならば、その最高峰には仙人のような気持ちで打てる頂《いただき》があるのではないかと私は考えています。私自身、その領域にはいまだに到達してはいないのですが、かいま見る瞬間があります。

簡単にいうと、ふつう人間は見えるものだけを頼りにし、信用するけれども、無心になることで見えないものが見えてくる状態。実際、私は幾度か、そうした経験をしている。

相手の手の内や心まで見える状態だよね。「しめしめ、いい手になった」とか「ウッ！やばいのをツモってきた」と、一喜一憂しているのが透けて見える。それを私は指摘しないけど、心の中でニヤニヤと笑っている。それが仙人の領域ですよ。だから仙人同士で麻雀を打つと、次元の異なる面白さがある。俗な人間たちが、勝った負けたと騒いでいるけど、われわれは自然の流れにまかせて楽しもうではないですか、と。

その最高峰を少しでも感じられるためには、麻雀ですら我が身を厳しいところに置いて打つ鍛錬が必要ですよ。

しかし、君や一般の人には、麻雀に厳しい道のりがあるなんて理解できないよな。ならば、せめて楽しくあればいいと思う。が、君はその楽しみすらも見いだせないというのだから、じつに悲しくも寂しいことだ。

みんな最初は初心者ですよ。だからバカだ、タコだと言い合いながら、楽しむものだよね。はっきり言って君と打っている職場の方々も、私からみればタコさんです。みんなタコさんですから、言われたら言い返すくらいの遊び感覚で楽しんでくださいよ。

ところが楽しめない。すると君自身が言ってるように麻雀に向かないのかもしれない。向かないことは決して罪悪ではないよ。学問ができる人が善人で、勉強できない人が悪人ではなく、たまたま向かないというだけ。向かないと気持ちが入らない。上達もしないから、ますます面白くないよな。

では、君には向いているものがあるのですか。もし仕事も遊びもスポーツも向いていないとしたら、問題は別のところにあると考えたほうがいいね。つまり、ふだんの生活の中でもタコだ、バカだと言われているのではないかと思うけど、どうか？

そうだとすれば日常の心構えや心のあり方の問題です。人はね、仕事をバリバリこなしていれば、麻雀でタコと言われたぐらいではバカにされた、辛いなどとは思わないものだよ。

たとえ言われても、「お前こそタコじゃねえか」と言い返せるはず。しかし、言い返せないのは痛いところをつかれているからじゃないか。要するに仕事でも麻雀でもタコだからじゃないのかい？

君の場合、ふだんの仕事や人間関係をしっかりやることです。それができるのなら麻雀でタコと言われても気にならなくなるはずですよ。そして、緊張せず麻雀を楽しめるようにもなると思いますよ。

「不器用」な生き方

Ｑ――自分の不器用さに悩んでいます。同じ仕事をしていても、まわりの人間はとっとと終わって帰るのに、私は残業ばかりです。入社時から失敗ばかりで先輩から叱られていました。2年目になり、何とか仕事を覚えたのですが、後から入った新人のほうが覚えも早いうえに要領もよく、先輩も上司も彼に一目置いているようなのです。最近は、その後輩にもバカにされているような気がします。このままずっとバカにされ続けるくらいなら、いっそ会社を辞めてしまおうかと考えています。でも、不器用で要領が悪ければ、どこへ行っても同じでしょうか。

要するに君はいまの時代や社会に〝間に合わない〟人間なのですね。間に合わないと信頼は失せるし、頼りがいもなくなってしまうよな。

いまの時代のデキる男とは、仕事や締め切りに間に合う人間のことを言うのだろうけど、君のように間に合わなければ、とろいダメな奴だと言われてしまうよな。

もっとのんびり、のほほーんとした世の中なら、君のようなカメさんも十分歩みやすいのだけどね。今日びのようにすべて効率的で回転が早く、スピードを要求される社会では、君は目が回ってしまうよな。とろい子に、はしっこい子のマネをしろといっても急にはムリだよね。

これは人間がいいとか、悪いとかの問題じゃない。君の場合は、いまの日本の制度や体質に合わないということだけなんだ。この日本で生きるには、やっぱり要領よくはしっこく生きなくちゃいけないだろう。

そういう社会にあって君のようにのろい人間には、最高の特権があるじゃないか。みんなが忘れちまったマジメさだ。手を抜いて遅れるのは論外だけど、誰よりもマジメに何事もとらえてやっていけば、君は会社の最高の宝物になるはずだよ。

しかし、もし君がどうしたら速く走れるようになるのだろうかと悩み、こうすれば速く走れますという類の情報を欲しがっているとしたら、ムダだと言っておく。もともと速く走れる奴がいて、そいつらのマネをして走っても、危なっかしくてしょうがないよ。精神を壊すのが関の山だね。

うちの道場にもとろい奴がいる。でも、そいつは幹部になっているんだ。のろい、とろい、遅い、でも、マジメは一番なんだよ。マジメ競争では、その子は誰にも負けないんだ。

君も駆けっこで頑張ろうとしないで、マジメさで勝負したらどうだい。きっと最高幹部になれると思うよ。

人と比べないということ

Q――会社の人間関係で困っています。といっても私自身ではなく、まわりの人たちの関係が、最悪なのです。経理部門で部長以下7名の部署ですが、ほとんど会話がありません。僕は入社したばかりの新人ですが、10年以上勤めているベテランの女性2人が犬猿の仲で、その2つのグループがまさに対立状態なのです。片方のグループの人と親しく話せば、もう一方のグループから冷たくされる。誰かと飲みに行けば、一方のグループの人の悪口ばかり。統括すべき部長は情けない人で見て見ぬふりで、2人のお局様にふりまわされている状態です。

あなたの部署の問題は表面上は2人のお局さんの派閥争い、権力争いに見えるが、そうじゃない。女性どうしの恨みだと、俺は見るね。その恨みは、他人と自分を比べる発想から生まれてくるものなんだよ。

人と比べると、その人をうらやましく思うだろう。いわゆる「隣の芝生はよく見える」というやつだよ。それが、妬みとなり、妬みは自分の傷みへと変わっていく。そして、被害者意識が強くなって「こんなに自分を痛めつけるあの人が憎い」と恨みとなって沈澱していく。

女の人のほうがはるかに比べる材料をたくさん持っているだろう。顔、脚、胸、スタイルという生まれつきの問題、お化粧やバッグはどうだ、かっこいい恋人がいる、住んでいる家、親、こうしたことが比較の対象になって恨みが生まれていくんだよ。

男だって比較の発想を持った奴もいる。就職だって業種に関係なく、より高い給料で、より有名な大会社に入りたいという発想をもっているじゃないか。その根本にあるのが、物心がついたころからすり込まれている競争の論理だ。学校での競争、会社に入って営業成績の競争、出世競争……。

この競争の論理は困ったことにキリがない。年から年中、人と比べて生きていかなきゃならなくなる。自分がいまどこにいるのか、勝っているのか負けているのか、遅れているのか進んでいるのかと。

この2人のお局さんもじつは、最初から悪意があったわけじゃないんだ。ふつう人間は、悪いことをされて初めて心は傷むものでしょう。裏切られたり、意地悪されると傷つくし、恨みもする。だけどいまの競争社会においては相手に良いことがあっただけで心が痛み、恨みが生じるんだよ。

おそらく2人のお局さんも子どもの頃から兄弟や友達と何かにつけて比較されて育っちまったかわいそうな女なんだよな。こうした女性はお互いの好意ですら、それをしっかり認めることができなくなっているよね。自分が相手を認めることすら許せないんだからさ。

不仲の原因はおそらくそんなところだから、部長は手も足も出せず、見て見ぬふりをする形になっちまうんだよ。

で、嫌いな人との仲を修正するためのアドバイスとしてよく使われるのが、「相手の良いところを見なさい」というやつ。これも場合によりけりだな。ことにこの2人にかぎっては相手の良いところを見れば見るほど妬み、恨みが倍増していくよ。

君が救われるには、君自身が比べない生き方をするしかないということ。右でもなく、左でもない。真ん中に心を置く生きざま、いわゆる中庸の精神だ。それが君自身がまわりの雑念に惑わされない生き方をする元になるはずだよ。

「立場」の本質

Q――今年の1月から部署が変わりました。会社の中では中心的な部署でもあり、自分なりに期待に応えようとがんばって働いてきました。ところが、思うように下の人が働いてくれません。アルバイトの子やパートのおばさんなどもいるのですが、指示を無視したり、サボッたり、注意をしても素直に聞いてくれないのです。自分の至らなさというか、力のなさなのでしょうが、ストレスがたまる一方です。最近は家に帰っても気がつくと妻にあたったりしている自分がいて、これではいけないと強く感じて反省しているのですが……。

君はずいぶん都合のよい人間なんだねぇ。ご都合主義というヤツだな。

会社の中心部に異動できたんで張り切っているんだろうけどさ。それは君自身が有能だというより、会社にとって都合よく働く人間だと思われてるからじゃないのか。

それと同じ構図を、君はパートやアルバイトさんにあてはめているワケだ。

つまり君は知らず知らずのうちに、会社の価値観にどっぷりとつかっているのさ。

そんな奴の言うことを誰が聞くんだい。パートのおばさんは家庭のほうが大事だったり、若い子だって遊びや恋人のほうが大切かもしらん。会社人間の君とは価値観が違うんだよ。俺だってイヤだよ。会社やあんたの言うことを聞いて有能だと認められるよりも、職場の隅っこにいて無能呼ばわりされたほうがずっといい。

人というのは情けないことに自分のことになると正否の判断がつかなくなってしまうものです。田中角栄という総理大臣がいましたね。あの人だって全国の人たちからいろいろ中傷されたけれども、地元の人には神様、仏様、先生様だよ。高速道路をつくり、橋をかけ、新幹線を通したことで地元の発展に尽くした偉大なる人物ということになる。

つまり、自分たちの都合さえよければというご都合主義だ。もっとも新潟県人だけに言えることではなく、誰しもが、そういう立場になれば同じことだってことだ。

立場だよ、立場。だから君もさ、パートのおばさんと君と立場を変えてみたらどうなのよ。そうなればパートのおばさんはやる気をおこしてバリバリ働き、アルバイト感覚で働く君の存在にやきもきするだろうよ。立場変わればなんとやらだ。

だからさ、君が有能ながんばり屋で、アルバイトさんたちが無能だというわけじゃないんだよ。それよりも自分の立場にバイトさんたちを利用するようなマネはしなさんな。会社から有能と認められるために自分の思うように人を使おうとするんじゃないよ。はっきり言えば君は自分の肉体だけではなく魂も会社に売っちゃってる人間だ。でも、バイト、パートの人たちは全部売っているわけじゃないんだからさ。

周りの人たちに働いてもらいたければ、方法はひとつ。利用するんじゃなく、君自身がいつも楽しそうに仕事をしてみなさい。生き生きとだ。

そうすれば自然に職場が楽しくなり自分もあの人のように楽しくやろう、という気持ちになるじゃねえか。

ところが、いまの君はイライラしたヒステリー状態だ。そんなヒステリー上司に誰がつき合おうと思うんだい。会社の価値観に身も心も売っちまった人間と、一緒になりたいと思う奴はいないっての。彼らはもっと楽しい上司と仕事がしたいなと思っているはずだよ。

君も腐りかけた魚のような臭いを発していることに気がつきなさい。

心の中の不安について

Q――人に会うのが正直言って恐いんです。高校を卒業して東京に出てきたんですけど、人が多くてね。みんな、オシャレして生き生きと活動しているように見えて、田舎者の俺には、なんか気が引けちゃうというか……。学校にも行ってません。まわりの奴らはサークルだの、なんだのと明るくやってるのがまぶしく見えて、とてもあの中に入っていく気がしないんです。だから今日も、一歩も外に出ず、ずっと部屋にいてテレビを見たり、テレビゲームをしていただけです。どうしたら人と会えるようになるんでしょうか。

君の場合、自立と孤立の問題だと思う。高校を卒業して自立心を高めようと田舎を出て東京へやってきたんだろう。ところが現実は、自分の部屋に閉じこもり、友だちもできないで、都会の片隅に1人孤立してしまっていると。

自立はすばらしいことだよ。みんな、自立を求めて成長していくんだけど、ふとしたとき、それは自立ではなく孤立だったということは、都会にはよくある話だよ。

なぜ、そうなるのか。

「田舎者の俺にはまわりの奴らがまぶしく見える」というのは君の実感なんだろうけど、この言葉から察するに、君はけっこう劣等感が強い男だね。おそらく小さい頃から劣等感を持っていて、それから脱皮しようとして都会に出てきたけれども、都会の生活に圧倒されて、ますます劣等感が強くなってしまったんだろうな。

劣等感を持つことで何が問題かというと、何に対しても考えすぎるようになってしまうことなんだよ。つまり、優柔不断になる。ここが問題なんだ。

都会は、動きが早い。のんびり、グズグズしていられないのが都会の暮らしだ。モタモタしているうちに、まわりの者たちは先に行ってしまって置いていかれてしまうだろう。気がつくと、部屋でテレビゲームをやるしかない。決断の遅いものには都会は住みにくいってこと。

なぜ、決断が遅いか？　きっと小さい頃から、こう言われたんだよ。「よーく考えてからやるんだよ」と。このセリフは一見すると誠実なように思えるけれど、これほど不誠実な言葉はない。だって、人に何かを頼まれたとき即答できないのはなぜか。断る理由を探してるってことだろう。

「結婚してください」とプロポーズして、「考えさせてください」というのはダメってことだろう。後から電話で「やっぱりお断りします」って言われるのが普通じゃないかよ。

だから、よーく考える奴はダメなんだよ。そういう奴は誠実じゃないんだから。

君を優柔不断にさせている原因は、心の内に不安を抱えているからだろうな。不安というのは対象がはっきりしない物に対する恐怖心だよ。その不安感が劣等感をもたらしている。

君の場合、まず心のうちに安心感を持つこと。そして、外に向かっては冒険、挑戦することだ。そのためには、よーく考えてちゃダメだよ。瞬間の判断。即答。イエスかノーか。後先考えず、誠実に行動するしかない。その体験を通してしか、不安や恐怖に勝つ方法はないと思うね。

人に教えるとは何か

Q——私はある中学校の教師ですが、正直、いまの生徒を教育、指導する自信がありません。私自身の力のなさ、人生経験のつたなさ、よく世間で言われるように「学校の先生は若い頃、そこそこ勉強してマジメで、世間知らずで…」ということが確かにあてはまる部分があり、こんな私は教師になる資格などないのではないかと思い知らされます。一方、子どもは私が教師になった10年前に比べてはるかに難解です。良い子と悪い子の区別がつきません。彼らが何を求め、何を考えているのか、時にがく然とするほどわからない事もあります。校長以下教師がみなお手上げの状態です。いっそ教職を去ろうかとまで考えます。

家庭問題と学校教育の問題は足並みそろえて悪いほうへ向かっています。どちらも人が生きるために大切な源のはずがいつしか社会の構図や仕組みに取り込まれて、いまや最悪な状態に陥り、多くの人たちに悩みをもたらしていますね。

教育の根源のひとつに家族や兄弟という少数の人間関係だけではなく、集団の中でどう生きるのかということが挙げられるでしょう。

さまざまな個性が集まった中で互いの「私」と「公」というバランス、その感覚を養うことも教育の場の大切なテーマだと私は思います。

が、いつしか教育の目標が人よりできるだけ多くの点数を取ることに集約され、点数を多くとる者を優秀とみなして先生も生徒も点取り競争にのみ専念してしまいました。あなただって教師の資格を得るために、それなりの点数をかせぎだすことをまず第一に考えたはずです。

資格制度にも問題はあります。人格的に教師としての資質もないまま教師になれるだけの点数をとり、いざ現場に入ると、いまでは点数を取らせる以前に子どもたちが、勉強に関心を示さず、勝手に動き回るだけになってしまっているのでしょう。

世の中全般に知識の乏しい時代であれば知識を得ることに価値もあったでしょう。知識を積み重ねることで何かが得られ豊かになれると教えられたから、みんながんばったのですが、そこで得られる豊かさはじつはとても虚しいものであることを子どもたちが大人を見て本能的に感じているのです。

学校における校長や教師の売り物といったらいままで積み上げてきた知識の豊かさしかありません。知識に食らいつく人たちにとってはその知識もたいそうなごちそうでしょうが、そんなものは人が生きるためには大した価値ではないのです。

では、子どもたちに教師や大人が接する場合、何が大切でしょうか？　それは「心から何かをする」ということに尽きます。思いやり、心の温かさ、優しさ、強さといったことを子どもたちはもっと欲しがっているものなのです。

ところが、子どもたちが大人になるまでに必要とされる心の豊かさを大人や教育者たちが与えることもせず、点数をとれ、成績を上げろと導いてきた。その大人たちの作った教育の目標に対して、彼らは抵抗を示しているのですよ。わかりますか。

私が会ったことのある校長先生も、この場面は心から接するべきだと思うときですら知識や頭で考えて子どもと接していました。思いやりや優しさのパフォーマンスを平然と行っている心なき教育者がたくさんいます。知識で解決しなければいけないこともありますが、行動で示さなければいけないことのほうがじつは多いのです。いまの教育に欠けている最大のものが「心から何かをやる」ということなのですよ。

あなたに聞きたい。あなたは正しく、強く、美しいですか？　子どもたちはそんな先生に憧れているのですよ。ずる賢くて弱虫で、格好悪い先生、約束を守らない先生、信頼のおけない先生、楽しくもなくつまらないだけの先生、上にも下にもしっかりした姿勢を見せられない先生、そんな先生の言うことを誰がきくでしょうか。

いまや先生たちは教育委員会やＰＴＡ、そして子どもたちに手足をもぎとられたカブト虫みたいなもので、何もできない、やれない状態にいる。子どもたちにいろいろ体験をさせたいけれども自分たちのほうが何もできない体になってしまっているのです。

心というものが教育に必要ないのならば、学校も必要ないでしょう。あなたのように資格だけの教育者ばかりならば、コンピュータ相手に家でもどこでも学べるのです。

「学校よ、さようなら」ですね。

もし死にたくなったら

Q――25歳のフリーターです。小学校の頃からずっと死のうかなと思ってきました。すごいイジメに合って、本気で死のうかと思い、走っている車に飛び込んだこともあります。それ以来、生き恥をさらしながら生きています。テレビで、ガンで死を宣告されながらも「死を宣告された後の1日1日を大切に生きている」と言っている人を見て、自分の考えていることが、あまりにも小さく思えてきて……。ただ、僕は死に対して恐怖感はないんです。いつ死んでもいいやと、思っています。親より先に死ぬことが親不孝だと思っていません。僕の命なんだから、事故死でも、なんでも死ねたらいいなというつもりで生きています。もちろん、人のために役立って死ねるのだったら素晴らしいとは思いますけど。話がまとまらなくてすみません。僕自身、よくわからないんです。ただ誰に対しても劣等感を感じてしまう自分があって……。どう生きていったらいいのか、わからないんです。

はっきり言うぞ。イジメというのは、イジメる側だけじゃなくて、イジメられる側にも問題がある。ことにお前は死ぬことをやたらに美化しているようだが、なぜだ？　答えてやろうか。生きている自分に美を感じられないからだよ。性格的に汚かったり、何かに対してウソをついていたり、自分の生きざまが汚いんじゃないのか。

人間は美しいものには見とれるだろう。美人が前から歩いてきたら、つい見てしまうよ。だけど、ウンコが落ちていたらどうする。避けて通るじゃないか。

人間は自分の素材を汚くする人間もいるし、表面はきれいでも内面的なものを汚なくしている奴もある。「あの野郎、やり方が汚ねえな」という奴がいるだろう。そういう人間をイジメたくなったり、避けたくなるのは当たり前なんだよ。

「生き恥をさらしている」と自分で言っているけど、お前はどこか生きざまに汚ないところがあるのを自覚しているんだ。だからやたらと死を美化する。自分の中に美がないから、自分を抹殺したくなる。そして死を美化し、自分をせめて美しく飾ろうとする。自殺願望者に多い心理構造だ。

死ぬなんて言うまえに、自分の心や生きざまをいっぺん洗濯してみろっての。洗濯するとすっきりするよ。そうしたら死ぬなんて考えもしなくなるぞ。

人間は、イヤなことから逃げだしたくなるもんだよ。苦しいことから逃げたいだろう。借金を抱えていたら逃げて、逃げきれなくなったら死にたくもなるよ。その借金を返していく。それが洗濯なんだ。すっきりするだろう。まず、自分がイジメられる要素を持っていることを自覚すべきだな。

イジメがいろいろ世間で言われているけど、私に言わせれば核家族をニューファミリーなどと言って、親も子もみんな仲良しこよし、差がなくなったところにイジメの本質がある。

先生と生徒は違うんだよ。にもかかわらず仲良しになろうとするからムリがある。親子も違うだろう。親と子という言葉、立場がある以上は、親は親として、子は子として互いにその差を自覚して生きる。これはクラスの仲間どうしでも同じことなんだ。つまり人はみな顔が違うように、違うってこと。

平等というのは、差を認めて、力の強いものが弱い者の気持ちを考えながら行動するってことだよ。その差を認めないからちょっとハズれた奴、自分たちと違う人間を排除しようとする。

これはイジメられる側にも言えるんだ。

みんな平等なのに、なぜ俺だけ認めてくれないんだって思うだろうよ。なぜ俺を愛さないんだとなるだろう。つまり、ものすごく欲張りな人間になってしまうんだ。先生の愛を独り占めしたいとか、友達がいると、そいつを独り占めして、他の奴とつき合っていると面白くないから、「アイツとは口をきくな」なんてことを言うよ。

うざったいだろう、こういうの。独り占め願望が強いから、みんなで楽しみを分かち合おうなんて気持ちがなくなっていくんだよ。

そういう人間の麻雀は絶対に損をしまいとギラギラして打つ。3000点とったら、「とった、とったぞ」と喜び、とられたらメチャクチャ落ち込んでさ、いちいち揺れ動くね。心の乱れの大きい人間だ。そんな奴が目の前にいたら、まよわず張り倒してるだろうよ。

コイツの場合はまだそのところが見えていない。だから自分で洗濯できないのなら、誰かに手伝ってもらうしかない。手の届かないところがあれば、洗ってもらうしかないよ。「お前、汚ねえぞ、やり方が」と、誰かに言われたとしたら、1度、そこで立ち止まることだな。俺はずるい人間かと。何がずるいのかと、じっくり考えるべきだ。

それでもわからなかったら、「どこが汚ないんだろうか?」と、そいつに聞いたらどうだ。教えてくれる奴がいればラッキーだ。人間は、誰でもずるかったり、意気地なしだったり、卑怯だったり、エゴの塊になったり、いろんなマイナス面を持ってるわけだ。そこを自覚して、できるかぎりきれいに生きようとしているわけだな。

「俺、ずるいな、卑怯だな、おまけに怠け者だな。イヤなことはみんなにやらせていいところだけとっちゃう奴だな」

と、自覚して、それを正していけばイジメられるなんてことはなくなるよ。

簡単だろう。死んだら美もクソもない、お終《しま》いなんだよ。だから、生きているうちに美しくあって欲しいね。

うまくいかない原因

Q――23歳のときに途中入社し、高卒の人から見れば5年遅れています。僕はそれなりに必死で仕事を覚えようとしているんですが、どうしても彼らのようにうまく行かなくて、年下の奴らにもナメられて、孤立しかけています。家電メーカーの大手ですが、規模が大きくても中に入ればムラ社会で、そこで孤立すると本当にやりづらいものがあります。仕事がうまくいかないせいか、性格も前向きでなくなり彼女もいません。合コンや友達の紹介とかがあっても、内気で、引っ込み思案で、暗っぽいせいか、なかなかうまくいきません。

コイツはわかってるじゃないか。何をやってもうまくいかない原因がさ。「内気で、引っ込み思案で、暗っぽい」てのは、ダメな奴の3拍子だろう。この三つがそろっていたら、何をやってもダメだね。スポーツ、仕事、女、麻雀……、うまくいく道理がない。

ということまでは、コイツはわかっているわけだ。ところが、それを仕事のせいにしている。仕事がうまくいかないからすべてがうまくいかないと思っている。要するに他力本願の典型だ。

麻雀で言えば、ひたすら相手が振り込んでくるのをダマテンで待っている奴だね。自分がツモるんだという積極性もないからリーチもかけない。すると、だんだんあがれなくなる。あがれないから面白くないだろう。そのうち麻雀なんか、くだらないと言いだす。自分の会社がムラ社会で、と非難するようにな。こういう奴は、孤立して当たり前だろうな。

あんたが一番いけないのは、「自分の性格がこうだからうまくいかない」と、〝性格〟に逃げていることだよ。逃げる、避ける、やらないということは消極的だろう。消極的というのは自分を消してしまっていることだよ。自分を消したら、まわりの人から見れば存在感がない人になってしまうだろう。ナメられてるうちはまだいいけど、そのうち無視されるようになるぜ。

さて、どうするかだ。性格があれば、体格ってのもあるだろう。体格は努力や工夫で変えられる。鍛えれば筋肉もつけられるし、強靭にもなる。要するに体格は変えられるけど、問題は性格だよ。しかし、これを変えるのは至難のわざだね。それでも、ひとつだけ手がある。内気で引っ込み思案で暗いのは〝性格〟ではなく〝癖〟だと考えてみろ。悪い癖だと思えば、少しずつ直していけるだろう。性格は簡単には直らないけど癖なら直せる。

といっても黒をいきなり白に変えろといっても無理だから、少しずつ白を増やしていきなさいということだな。黒に近い灰色からだんだん白に近い灰色を目指していけば、内気で、引っ込み思案で、暗い奴も、積極的で明るい男になれる。その結果として性格も変わっていくと思うぜ。癖は努力でいくらでも直せるんだからな。

価値ある関係のつくり方

Q――現在29歳です。母親の葬式をすませてから、とても疲れて、気力もなくて……。母は15年前から入退院を繰り返し、去年、病院で寝たきりになった。僕は仕事を休んで看病したり、本当に疲れました。お金もすごくかかったし。でも、いざ亡くなられてみたらガックリきちゃって。父親は母が僕を身ごもったときに女と出て行って、それっきり。そして、母が病気がちだったので、僕はいろいろなところに預けられて。勉強は人並みにやってきたけど、人とうまくつき合うことができません。まわりからバカにされるばかりで、いまは1人でいるほうが楽だなって思う。このままいい事がないのなら早く自分も安らかな死を迎えたいってのが本音かな。ホントにしんどいよ。

こういう子、多いんだな。愛され方が足りなかったために、いつも自信がない。自信がないぶん、孤独のほうへ入り込んでしまう。かわいそうだな。

これは、過去を断ち切る自分との闘いだね。たとえば、自分の体の中にテープレコーダーが入っている。そのテープがエンドレスで回っているんだな。いわゆる寂しさのテープ、孤独のテープが。そのテープを切って、修正して新しいテープを回すんだ。そして、また歩いていかなきゃ。

どうするか。血は通っていない親兄弟を自分でつくるってことだろう。できるよ。俺が、そうやって生きているんだから。

友達以上の関係、しかも実の兄弟より信頼できる兄貴分、弟分というのが俺には何人もいる。ヘンな話、実の兄弟より、彼らがいなくなったほうが、こたえる。

なんでかって親兄弟は自分で選んだわけじゃないだろう。しかし、友達は自分で選び、関係を作り育ててきたんだから、ずっと価値がある。しかも、親は2人、兄弟はせいぜい数人。友達はそれに対して、いくらでも作れる。

問題は、この子が人とうまくやっていく自信がないってことだな。これもよくわかるよ。親戚をタライ回しにされたら、腹が減っても「おばさん、ご飯、作って」と言えない。いつも待つしかなかったんだ。だけどもう待たなくてもいい。29歳だろう。そろそろ自分で友達をつくりにいきなさい。

簡単だよ。まず自分から心を開くことだな。人間は、おおざっぱに言っちゃうけど精神と肉体しかないんだ。精神というのは、心だろう。それを開く。肉体は？　惜しまず行動する。それで初めて相手との信頼関係が生まれていくんだよ。

わかる？　その行動が、たとえ間違っていてもいいの。正しいことをやろうとか、カッコいいとこを見せようなんて思わないでいい。いい面も悪い所も、全部、ひっくるめて相手に見せる。それが心を開くってことだろう。

相手がタバコをくわえたままキョロキョロしていたら、だまってライターを差し出してやる。傘がなくて困っている人がいれば、一緒に入りませんかと言う。

好かれたいとか、嫌われるとか、そんなことは思わないでいい。人前でオナラが思わず出てしまう。笑われるよ。でも恐れるな。そいつがいつか、ユーモアに変えられるときがくる。それが心を開くってことなんだ。

カッコ悪い自分を見せられる勇気。それを持てたとき、本当の自分と、本当の友達がお前の横にいるはずだ。だから、死ぬなんて、簡単に口にするなよ。

ケンカの作法

Q――私、現在38歳ですが、仕事で若い者とトラブりまして、殴り合いのケンカになったんです。いま、顔が腫れあがっていて、じつに情けない状態です。最近の若い奴ってカーッとなると、見境なくキレちゃう。という私自身もカーッときやすいほうでいま頃になって後悔しています。新入社員ですが、「そんな考えじゃ世の中通用しないよ」みたいな説教っぽいことを言ったら、「ふざけんな!」ってつっかかってきた。世の中、考え方の違う人間の集まりである以上、スレ違いも起こるとは思いますが、話し合いで解決できなかった自分が不甲斐なくて。若い奴とどう接すればうまくいくのでしょう。

男同士で殴り合いか。うらやましいね。俺もたまにはケンカでケリをつけたくなることがあって、ウズウズしてんだよ。

ところが、近頃の若いのは、いくらひどい言葉で罵《ののし》っても、誰も俺にケンカを売ろうとしない。つまらないよ、まったく。その点、いいね、あんた。殴り合いをやったか、うらやましいよ、ホントに。

で、問題は何なんだ？

「最近の若い奴ってカーッとなると、見境なくキレちゃうのが多い」ってことかい。それとも、「話し合いで解決できなかった自分が不甲斐なくて」という問題なのか。

そうか、わかったぞ。コイツは本来、殴りっこする人間じゃねえんだな。殴りっこしても始末がつかないから、こんなにグチュグチュ言ってるわけだ。

殴った後にいい印象を与える。これが俺の生きざまだから、コイツの言っていることがよくわかんねえんだな。

要するにコイツは、いまどきの怒れない大人だな。

怒ったら部下がイヤな顔するだろうとか、嫌われるんじゃないかと、余計なこと考えているんだろう。だから殴りっこしていい関係をつくるどころか、徹底的に関係をダメにしていくわけだ。

ということは、コイツもふだんからロクな生き方をしていないってことだな。上司として情けないことばっかりやっているんじゃないのか。いわゆる貫禄のない上司、先輩の典型じゃないか。そんな奴に能書きこかれたら、キレるよ、そりゃ。

つまり、最近の若いのはキレやすいってお前は言ってるけど、キレさせたのはお前自身だよ。38歳のお前も世間に通らない生きざまをしているってことだよ。そういう奴に能書きこかれたら、キレて当然だな。

よくいるだろう。建前で、そいつのことを考えているふりをしながら説教してさ、最終的には自分の子分にしようというミエミエの打算が働いているのが。筋を通せないんだな。その強さがないんだよ。要するにふだん、何もやらねえで、口だけ言おうとするだろう。いい加減な行動をしながら、話でごまかそうとする大人がいっぱいいるじゃねえか。

その典型が「そんな考えじゃ、世の中通用しないよ」っていうお前のセリフだよ。

子どもや若い人は、言葉ではなく大人の背中を見ているんだよ。口先じゃなく本気で怒ってくれる大人を求めているよ。

殴るって行動は本来、愛だ。打算じゃねえぞ。

だからお前が、筋の通った行動をふだんからしてみろ。言葉はいらないよ。そうすれば若い者だって黙ってついてくる。それが若い奴との最高の接し方だな。

人間関係の「間合い」

Ｑ——私は、あまりいい友人に恵まれないのです。原因はおそらくお金ではないかと思うのです。私の実家は漁業を営み、それで周囲の人は、金持ちだと錯覚しているのではないかと思うのです。親元を離れて８年間、都会で暮らしていたのですが、友人と思っていた相手のほとんどが、むしろ金目当てで私とつき合っていたようです。その証拠に実家に帰った後、いくら年賀状やギフトを贈っても、ウンともスンとも言ってこないのです。おごらされたり、困ったことの尻ぬぐいをやらされた挙げ句がこれではあまりにも理不尽ではないでしょうか。友情とは実在するものなのですか。それとも建前だけなのですか。

この子は、それほど〝悪〟じゃないよ。まだまだ甘えん坊さんぐらいだな。モノゴトの見方を知るだけで、すぐによくなる子だと思うよ。

いまの君が抱えている悩みは友情、つまり、人間関係だろう。

ひと言で言えば〝間に合う〟ことが友情なんだ。あらゆる人間関係の根源は〝間に合う〟ことにあると私は考えている。

たとえば、君が都会で暮らしていたとき、友人が「1万円貸してくれ」と言う。すぐそばにいる君に余裕があれば貸すことができる。それが〝間に合う〟ということだ。ところが、君は遠く離れた実家に戻ってしまっただろう。もう間に合わなくなったんだよ。いかにギフトを贈っても、それが相手にとって必要のないものなら「間に合ってます」と思うだろうよ。だからウンともスンとも言ってこないんだ。

これは、麻雀、武道も同じで、ことに武道は〝間合い〟のうまい人が達人と呼ばれるんだよ。相手の攻撃がきても、それに間に合う受けができるかどうか。麻雀でも人がテンパってたら、自分もテンパるように間に合わせていく。間に合わない奴は、勝負にならないわけだよ。そうしたスレスレのところで勝負しているわけだ。

お金も使おうと思ったときに間に合えばいいわけだ。それが間に合わないから問題が起きるだろう。つまり、人間関係でも約束に〝間に合う〟ことが信頼につながり、そこから友情も深まっていくということだよ。

他人におごったり、困ったことの尻ぬぐいをやったことが、損だったと君は思っているようだけど、そんなことを言う君のほうがめめしいぜ。いいかい、季節だって移り変わりがあるように、人の心も変わるよ。それを裏切りと考えるのはおかしい。春が過ぎて夏が来る。俺は春が好きなんだ。夏が来るなんて許せない。春よ、なぜ俺を裏切るのか、とは思わないだろう。いいじゃないか、変化も。人間も自然も変化するのだから。そもそも自分で選んだ友人なら去ったとしても納得できるハズだろう。

さて、〝間合い〟の達人になるにはどうするのか。簡単な話だ。人の動き、心の動きを知るには、まず自分が動くことだよ。逆にいえば、頭だけで考えている怠け者には間合いはとれないと断言してもいい。まずふだんから行動力を惜しまずに〝間に合う〟ように動くこと。それが友情、人間関係を深める最高のトレーニングになるんだよ。

悩みの核心にあるもの

Q——23歳なのですがいま、すごく悩んでいます。親が「離婚する」と言って別居を繰り返したり、それが原因で自分の心、気持ちが不安定になってしまい、彼女に当たってばかりで……。その子とは3、4年つき合ってたのに、結局、別れるはめになりました。もちろん、家の中もメチャクチャで、八つ当たりしてケンカが絶えません。おまけに仕事もうまくいかなくなって、会社を辞めてしまいました。いまはフラフラしている状態です。イヤなことばかり続いているもんで、自分でもどうしたらいいのか、ちょっとわからなくなっているんです。それもこれも、家庭の中が不安定だからこそと思うのですが、私が率先して父と母の仲を持ったほうがよいのでしょうか？

これは困った奴だよ。単なる泣き言を言っているだけだろう。だってお前、わけがわかんないよ、この話は。といってもな、こんな〝困ったチャン〟にも、何か言わないといけないってのが、ほんと、俺の悩み、じゃない困難だよな。

本当、あんたは〝悩みごとのデパート〟みたいな人だね。デパートってのが古ければ〝悩みのコンビニ〟と言ったほうが、いまどきの感じがするな。とりあえず必要なものはそろっているわけだよ。親御さんのことで悩み、彼女で悩み、まわりの人間関係で悩み、オマケもついて仕事でも悩んじゃってるの。

きっと、ここには書いちゃいないけど、金銭問題にも悩み、頭の弱さにも悩み、容姿にも悩み、ことごとく、目につくもの、手に触れるもの、身近なこと、すべてに悩みを持っている人なんだろうね。これで病気にならないのが不思議だね。

おそらくこいつは、自分のほうから悩みを探したりつくっているんだと思う。

デパート、コンビニに並んでいる商品も製造工場があって、そこで製品化されて運ばれてくるだろう。とりあえずのものは、品ぞろえして客を待っているわけだ。君の場合は、きっと悩み製造会社の腕のいい職人さんだね。あらゆるものから悩みという製品をつくりだす腕を持っているんだからな。

俺だって、問題を探したり、つくっていけば、負けちゃいないよ。家庭にもある。職場にもある。あたり一帯にゴロゴロしていると思う。しかし、悩みなんかできるだけ壊してしまうよ。商品化させないね。

君の場合、悩みをすべて外部からの影響にしているけど、本当のところは君自身が〝困ったチャン〟で、内部から「困った、困った」が、次から次と湧いて出てくるんじゃないの。そして、まわりに迷惑ばかりかけている。だいたい23歳にもなって親が離婚するってぐらいでオタオタするのは、その原因のいったんが、自分にあるからなんじゃないのかい。違うかい。だから彼女にも八つ当たりしたんじゃないのかい。

誰かが何かをしたから困ったことが起こっているんじゃないよ。自分が困った男だから、まわりに困ったことが次から次と起こってくるに過ぎない。

だから君の豊富な悩みの解決法はただひとつ。まわりの問題を解決しようとは考えず、自分を改良して、君自身から困った部分を取り除くことにある。そうすれば、まわりの悩みは自然に解消されていくよ。

俺だって君の手紙を読んだとき、これはどうやって回答するのかと、困ってしまったんだからな。わかったかい。すべて自分が「困った」を製造して振りまいているってことに気がつきなさいよ、困ったチャン。

人を信用するということ

Q――じつはいま、借金をかかえております。といっても、もともと私の借金ではなく、親しくしていた友人が事業を始めるにあたって300万円を金融機関から借りる際の保証人になっていたのです。長いつき合いだったし、信用もしていたので、あえて保証人になったのです。それが景気が悪いせいもあって失敗したらしく、彼はどこかへ逃げてしまって……。

結局、残された借金200万円ほど、俺のところにまわってきてしまいました。借金はなんとか返すとしても、信じていた奴に裏切られた、友人を失ってしまったという思いで……。

簡単に人を信用しちゃダメなんでしょうかねえ。

これは、信用うんぬんという問題じゃないよ。信用という言葉を使うこと自体、図々しいってんだよ。だいたい信用とか信義なんて言葉はめったに使うものじゃないんだ。簡単に使いすぎるから、簡単に裏切るという言葉が出てくる。

仕事における貸借関係を考えてみるといい。どこの信用金庫、銀行が、あんたと友達だからという理由で金を貸しますか？　貸さないよ。貸すには、それなりの欲がからんでいるんだ。金利という儲けがあるから貸すわけだろう。これが道義的な欲だ。

あんたも同じだよ。友達が事業で成功したら、おいらもちょっとは楽ができるし、銀座あたりで酒でも飲ましてくれるってね。

そして、友達関係のややこしいのは、心理的な欲もからむところだな。友を失いたくないから金を貸す、あるいは保証人になる。あるいは、友からよく思われたいからという心理的な欲で金を貸すわけだ。ちまたの金融機関だと、この心理的な欲は絶対に入り込まない。友人・知人だから道義的な欲プラス心理的な欲が入り込み、二重に面倒くささを生むんだよ。わかるかい。

こういう場合の考え方として、信用うんぬん言うのではなく、友達を応援すると思えばいいんじゃないのか。友達が困っているから応援する。友達が何かをやろうとしているから応援すると。きっと友達も事業という〝勝負〟をかけたんだろう。勝つか負けるかわからない勝負。そして、君も友達が勝つために応援席についたけれども、彼は勝負に負けちゃったと。それだけのことだ。それを裏切りと言っていいのか？　彼が負けたら彼の信用がなくなるのか？　そうじゃないだろう。

スポーツで考えてみろよ。巨人が負けた、日本のサッカーが負けた。あいつらは俺を裏切ったと思わないだろう。情けないとは思うけど、裏切ったとは言わないよ。

君は承知して友達の勝負にのったわけだろう。彼とともに君も負けちゃっただけなんだよな。だからといって負けをいつまでもくよくよ考えていてもしょうがない。信用うんぬんの前に自分の見極め力と決断力がなかったことを反省すべきだな。

信用とは、勝ち負けに関係ないはずだ。彼の勝負にのること、それが信用しているということだろう。間違っても、負けた奴を裏切ったとか、信用を失ったなどと言わないことだな。

だいたい君らは最初から信用も薄ければ友情も薄かったんじゃないのかい。人間関係が希薄なところで、言葉だけ信用してたのに、と言ってもお話にならん。逃げた奴はもちろん悪い。しかし、保証人になった側も友情は薄かったのではないのか。だからこそ信用なんて言葉、軽々しく使ってほしくないね。

第3章
揺れない心

「心温」を適温に保つ

人間には、体に〝体温〟があるように、心にも〝心温〟がある、という話をしたい。

体温が高いと病気と診断される。逆に体温が下がると、死に近づいていく。体温は、体温計で計ることができるし、それ以上に自覚症状もある。

ところが、心温は計ることもできないし、症状も見えにくい。しかし、心温も高すぎたり、低すぎたりすると確実に病気になる。それを自覚している人間がじつに少ないんだ。

麻雀も、心温が大事なことは言うまでもない。高すぎても低すぎてもいけないんだ。これを平常心と言い換えてもいいが、適温を保つことが麻雀においても、非常に大切なことなんだよ。

欲にかられたり、恐怖心におびえていると、心温は上がったり下がったり、乱れてしまう。私は、そんな相手の心を見逃さずに、さらに動揺させる。すると、相手は自ら崩れていく。要するに、麻雀も人生と同じように自分の心との闘いなんだよ。

私は雀鬼会の大会をレポートにまとめたりもしているが、じつは、そのレポートは、1

回戦の2〜3局を見ただけで、その日の闘いぶりを予想して書いてしまうんだ。

結果を見ずに書き上げるのは無責任だと言う人もいるけど、私の予想レポートは、はずれたことがないから、終了後に書いても同じこと。

不思議に思うかもしれないが、簡単なことなんだよ。若い人たちの〝心温〟を感じることができれば、この先誰が勝つか負けるかは、手に取るようにわかるんだ。

自分では気がつかない心の乱れが、私には見える。それは、自然がそうであるように晴れたり、曇ったり、雨が降ったりするのと同じで、人間の心も変化を続けている。

そこに気がつけば対処もできるけれども、気がつかないでいると、精神のバランスが崩れていくものだ。

その崩れは、どこからくるか。麻雀でいえば、ごまかそうとする心だ。安い手のふりをして、ハネ満であがる。あるいは、引っかけ手で他人から出あがりをまつ。人をダマしてあがっているうちは絶対に強くはなれないんだ。必ず自分の心が動揺し、ツキの流れから遠ざかっていく。他人や自分をごまかしているうちはダメなんだ。

たかが麻雀。だが、打ち方を見ていると、その人間の日常の生活、生きざま、心のあり方、すべてが出てくるもの。

だから雀鬼会では、麻雀のテクニックは教えずに、ただひたすら礼儀、言葉づかい、態度などを厳しく教えるだけなんだ。実際、それだけで若い人たちがどんどん強くなっていくのがわかる。

麻雀が強くなるというだけではない。心を磨くということは、人生をより豊かに生きるために大切な作業だと確信している。

では、どうしたら心温を適温に保っていられるのか？

人をだましたり、自分をごまかしたり、何かしら負い目のある行為をしていたのでは、心を磨くことはできない。言葉でいえば簡単なことだけど、そこを自覚することができない人間が多いのもまた事実だ。

たとえば、体が汚れていれば風呂に入って洗い落とそうとするだろう？　なのに心の汚れを落とそうとする人間が少ないのはどういうワケだ？

心の持つ力、奥深さを自覚しない奴が多すぎるんだ。だからこそ、自分を律しなさい。恥ずかしいこと、情けないことは絶対にしないぞと心に誓う。それだけでも心温は、かなり一定するはずだ。

といって人間であるからときには精神のバランスを崩して失敗もするし、トラブルに巻き込まれる。そのときも、人のせいにしたり、自分をごまかさないことだ。

現代は、外見ばかり気にして、内面である心をおろそかにしすぎている。だからこそ君たちは心を磨き、心温を適温に保ちながら、人生を豊かに生きて欲しい。

＊

「ものすごい集中力がありますね」

と、言われることがある。

確かに、自分には集中力がそなわっていると自覚することが、しばしばある。

たとえば、雪の中を素っ裸で露天風呂へ行く。俺はものすごい寒がりで、寒さにひどく弱いけれども、そういう場面になると子どものように遊びたくなる。

「裸足で行こうじゃないか」と声をかけると、みんなは「ひえ、冷たい」と叫びながら突っ走っていく。

ところが、私は、ある技を習得していて、寒いという意識を飛ばしてしまうわけだ。すると雪の中を素足で歩いても、素っ裸で寝ころんでも寒さを感じないでいられる。

これを人は集中力と見ているのだと思う。

現実に駅から家まで、5分ほどの距離だけれども、雪が降った時、私は、裸足で歩く。

こんな寒さに負けてたまるかという気持ちもある。そうやって感覚をコントロールすることによって、集中力というものを身につけているのかもしれない。

私はあらゆる能力は遊びの中から育まれるという人生哲学を持っている。だから集中力を身につけるためにことさら修行を重ねたわけではない。しかし、子どもの頃から友達と相撲をとるという場面で、いかにすれば最高の力が出るか。それを、つねに考えてきた。いまも雀鬼会の若い人に集中力をつけさせるためにやらせていることも、私自身が遊びの中から習得したものだ。

まず全身に力を入れさせる。体を踏ん張らせて、緊張させる。次に、息をはきながらすべての力を抜いて筋肉を弛緩させる。たったこれだけのことだけれど、それまで重くて上がらないような荷物も軽々と上げることができるはずだ。いわば火事場の馬鹿力を、意識的に出す方法と言っていい。

人間は、本当に不思議な力を持っていると思う。心の持ち方、集中力を発揮することによってふだんの2倍も3倍もの力が出せる生き物だ。

しかし、日々、ボーッと暮らしていたのでは、そんな不思議な力は出ない。さっき述べた訓練のように緊張と弛緩をバランスよく繰り返す生活をしないかぎり、いざというとき、半分の力も出せないと断言する。

＊

以前、雀鬼会でソフトボール大会を開いた。オレも若い子たちと一緒になってやったよ。1試合は7回で終了。しかし、それを1日中何試合もやるんだよ。

俺が「よし、終わり」と言うまでやり続けるわけだ。もちろん、それを承知の上でみんなやっている。そして、ソフトボールが終わってから、今度はみんなでリレーをやるんだよ。必死で走る。

足が痛いとか、疲れたと泣きごとを言う奴がもしいたら、俺はすぐに「バカヤロウ！」と怒鳴りつけるね。男のコが野球やって足が痛いぐらいで泣くな、この野郎ってなもんだよ。そうだろう。

いいかい。痛みっていうのは、たいていイヤなもんだよ。避けたいよな。だけど同じ痛みでも気持ちのいい痛みだってある。それを多くの人に感じて欲しいんだ。

物事には必ず二面性がある。痛みにしても苦痛ばかりではなく心地よい痛みがあるはずだ。ところが、人間はそれを一面的に決めつけたがるよね。それによって誤ることがあまりにも多すぎるな。

たとえば、理性を最善とするだろう。簡単に言えば、〝頭がいい〟ことを重要視する。その結果、学歴を求める。まあ、官僚や大企業のトップは理性のかたまりだけど、かりに理性が善であれば、奴らは悪いことはしないはずだ。しかし、裏ではとんでもないことをやっているじゃねえか。

俺は理性なんかちっとも大切だと思わないんだ。むしろ、理性が勝ちすぎて、いきいきした〝感情〟を失ってしまうことのほうが怖い。なぜなら感情の豊かな人は、悪いことはしないんだよ。

だからこそ俺は1日中、ソフトボールをやる。

理性で考えれば何を下らないことをやるのか、と思うだろう。しかし、よい痛みや疲れを肌で感じることで、本当の喜びを知る。その経験が感情を豊かにしていくはずと確信しているんだ。

*

ちかごろ、血のかよった人間が少なくなっているな。無表情で、まるで能面をかぶった化け物ばかりのような気がするよ。

政治家しかり、官僚たちは臆面もなく自己保身ばかり考えているし、銀行やらの企業エリートと言われる奴らも自分たちが儲けることばかり考えているだろう。

テレビに出てくる連中にいたっては、もっともらしい顔をして適当なゴタクを並べて責任はいっさいとらない。

なぜ、こんなことになっているのか。

感情を殺して生きているからだ。喜怒哀楽を素直に表現しないで、自分の心をごまかしているわけだ。

それに慣れてくると、最後には善と悪のケジメもなくなる。

逆にいえば、良心を取り戻すと、いわゆる良心の呵責《かしゃく》が起きる。それが恐いからあえて目をそむける。それによって感情は死に、善悪のケジメもつかなくなるわけだ。

道ゆくスーツ姿のサラリーマンの表情は、私から見るとみんな能面をかぶったように見える。自分を殺して仕事をしているうちに、生き生きした心まで失ってしまう。

しかし、彼らはまだいい。もっとタチが悪いのは、ウソ八百ならべて人をだまし、金儲けしているような輩。とくに知識人と言われる奴らは、本当にタチが悪いよ。

たとえば、庶民の味方であるというふりをして、偉そうなことを言っている奴がいるだろう。高級ホテルに泊まり、豪華な家具に囲まれ、私も庶民のひとりですみたいな顔をして、最高級のコーヒーやワインを飲む。こういう奴が、若者の味方なのか！

そういう人間の特徴は、自分の持っている悪の部分を認めず、いかにも善人ぶっていることだ。自分を棚に上げておいて、パフォーマンスをまじえながらいかに世の中が悪いかを嘆いてみせる。ヘドが出るぜ。

そんな人間だけにはなるなよ。

善と悪を感じる心を持つこと。生き生きと血の通った人間になるには、どう生きればよいかこそがテーマだ。

*

いまの世の中に自分の力で立っている奴はどれくらいいるだろうか？　それを考えるためにひとつ話をしておきたい。

いまだから言うけど、ヒクソンと高田の試合で俺は面白い発見をしていた。試合前のヒクソンを見たとき、すごく小さく見えたのだ。

高田が大人だとすると、ヒクソンはまるで子ども。実際には2人の体格はそう変わらないはずなのにね。

人の運には「天運」と「地運」がある。天運とは人知のはかりしれない自然からの運であり、地運はその人の行いによって積み上げられてくる運だ。

あのときのヒクソンは完全に天運から見はなされていたのだと思う。それで私の目には彼が子どものように小さく見えたのだ。

ところが、試合の結果は、誰もが知っているようにヒクソンが勝ったよね。なぜだか、わかりますか。〝天運〟に見はなされていた男が勝ったのは、ヒクソンの日頃の行いによる〝地運〟がイザという場面で表に出てきたのだと私は解釈しているよ。

そこで先程の言葉。自らの力で立ち、自分の力で歩いているということ。これは言葉を変えれば、自分の行いを律し、善行を積み、〝地運〟をつけることだと思うが、いまの人たちはどうだろうか？

私が見ているかぎり、自分を磨こうともせず、天運がほほえんでうまくことが運んでいるときはいいが、いったん、落ち込み始めるとズルズルとダメになっていく。それが真の実力であることも認めず、運が悪いと嘆いている。

地運をつける努力もしない。それは、自分がないのと同じことだ。だから人に流されやすく、流行やブームにすぐに飛びついていくのだろうね。

プレッシャーに強い人間の秘密

Q――私はとてもプレッシャーに弱いのです。学生の頃から、試験になるとすごく緊張してしまい、実力を発揮できなかった経験が何度もありました。社会人になってからも大きな仕事や責任のある仕事になると、どうしても緊張して失敗してしまいます。そして、また失敗したらと思うと、不安でなりません。いったいどうすれば、プレッシャーに強い人間になれるのでしょうか。会長はこれまで大きな試合を何度も経験されたそうですが、緊張や不安はなかったのでしょうか。最初から平常心でのぞむことができたのでしょうか。

私もいまだに緊張します。不安もある。過去の大きな試合では、なぜこの勝負を受けてしまったのかと悩み、いっそのこと逃げてしまおうと考えたこともありますよ。3日も4日も物が食えないし、眠れないこともありました。そのとき、最高の緊張と不安を感じていたんでしょうね。

私はもともと子どもの頃から、緊張して生きてきたと思う。外へ遊びに出るのでも、どこにガキ大将がいるかわからないから緊張しながら徘徊《はいかい》したり、金を持っていないから、いつだって不安だったよ。動物もそうでしょう。アフリカの草原にいる鹿のような草食動物は水を飲むにも緊張しているはずだ。水辺に行って水を飲んでいるとき、いつライオンが襲ってくるかと、緊張と不安でいっぱいだと思うよ。

つまり、不安を持ち、緊張を感じるのが生き物なんですよ。逆に言えば、不安も緊張もないのは、感情のないロボットでしょう。そういうロボットが、猟奇殺人を起こしたり、集団で1人をイジメたりする。人を傷つけることに不安や緊張感がない。

緊張と不安はあったほうがいい。それをまず認識することだ。だって鹿が不安も緊張感もなく、ノホホーンと水を飲んでいたらたちまちライオンの餌食になる。

じゃ逆に、君のように不安だから、緊張するからと水を飲みに行かなかったらどうなる？　死んじゃうよ。

人間は生きなきゃならないだろう？　だとしたら緊張と不安を持つことで敏感に危険を察知しながら勇気を持って水飲み場へ向かうことが大事な行為じゃないか？

私の経験上、大きな勝負にのぞむとき、緊張と不安をかかえながらも〝やったろうじゃねえか！〟という気持ちが同時に起こり、これらがひとつになったときにものすごい集中力、エネルギーが出てくるんです。

さらに大事なことは、失敗は誰にでもあるということ。緊張と不安をなくしても失敗はするということ。しかも失敗をしないことが偉いとか、素晴らしいことではないということを認識しなければいけないね。

たとえば、100個の行動を起こして10個の失敗をした人と、10個の行動を起こして一つしか失敗しなかった人がいるとする。君はどちらの人間を好むか。私は、100個の行動、10個の失敗の人間のほうがすばらしい人生を送っていると思うね。1個の失敗しかしない人間なんてロクなもんじゃない。何より失敗を恐れて行動力のない頭でっかちだろうよ。君がこのタイプだよ。失敗を恐れるあまり、未知の世界に挑戦しない男。

要するに極度の緊張と不安を持つのは、行動力の欠如が原因だね。だから君の場合、積極的に行動して失敗すること。そして、失敗に慣れていく。その結果として、いい緊張感を持って、新しいことに挑戦していく強い心が生まれるのだと思うね。

心の揺れとの向き合い方

Q――気持ちの起伏が自分でも「どうして？」と思うくらい激しいんです。元気なときはまわりが驚くぐらい明るくて、積極的で。いまの俺はなんでもできるぞ、という感じで自信満々なんです。ところが、一度落ち込むと「何をやってもダメだ」と感じて、自分のイヤなところ、バカなところばかりが大きく見えてきて押しつぶされそうになります。人に会うのが恐くなり、学校へ行くのもイヤになります。友人は「そううつ病じゃないか」と言いますが、やっぱり精神的な病気でしょうか。じつはいまも落ち込んでいる状態で、ひどいときはこれが何か月も続きます。どうすればいいんでしょうか。

人が感情というものを持っている以上、誰にでも多少の分裂症状やそううつ症状はあるものです。これがない人はいない。機嫌がいいときと悪いときはあるだろう。喜んだり、悲しんだりというのもそう。私にだってその症状はある。それが心の揺れというものなんだよ。

自然界にだって揺れはあるよね。地震という揺れがあるだろう。それは人間の力ではどうしようもない地球の自然の営みだよね。それが毎日のように起こっている。人間の感覚ではとても察知できないような小さな揺れは毎日起こっているわけだ。

しかし、ときどき、人間が感じられる微震、弱震といった小さな揺れがあるよね。そして、人や物に被害を与える強震もある。そうした自然から習えば私自身も微震や弱震ぐらいの揺れを起こしていると思うよ。ところが、君の場合のように、その揺れが極端に大きいと、自分にとっても、人様にとっても被害を与えることになるね。

さて、自然が起こす揺れは、地質というものが大きく影響する。その土地の性質だよ。人間ならさしずめ、その人の性質や性格ということになるでしょう。

地震であれば、地震の起こりにくい地質、環境に自分の身を移すということ。明らかに地震多発地帯に身を置いていれば、それだけ揺れの被害にあいやすいよね。それと同じように、君が自分の揺れに悩んでいるのなら、まず環境を変えることだよ。環境を変え、落ちついた生活をして、症状を軽くしていく努力が必要でしょうね。

それと気をつけなければならないのは、何ごとも〝すぎない〟こと。食べすぎ、思い込みすぎ、仕事のやりすぎ。

君は性格的に潔癖なところはないかな。あるいは完全主義だとか、何ごとにも一生懸命に打ち込むことが美徳と思っていたりしないかい。そして、やせがまんをすることもあるのじゃないかな。

良いことも悪いことも、やりすぎは毒だよ。その〝すぎること〟をやるからドカンとツケがまわってくる。だから自分の思考や行動を腹八分目という状態にすることです。君の場合は六分目でもいいくらいかな。そうすることで心のバランスがとれるようになり、大きな揺れはなくなるはずだな。

「流れ」を見極める

Q――先日、友達の1人が、「麻雀は確率だ。手を作るにしても牌を切るにしても確率を無視したら結局は負けるんだ」というようなことを言いました。確かに面子《めんつ》が余ってどちらかを捨てなければいけないとき、待ち牌が多いほうを残すというのはある意味で理にかなっているようですが、僕はこう反論しました。「確率だけじゃなくて〝流れ〟というものもあるんじゃないか」すると、流れといってもしょせん牌のばらつき、かたよりにすぎないとその彼は言います。会長は確率と流れについて、どうお考えになりますか。

君らの問答から君らが何を考え、麻雀をどうとらえているか、よくわかります。みんなヨチヨチ歩きの初心者だろうね。だから確率で麻雀をとらえるのも決して不思議ではない。知識で麻雀をとらえると、そうなるんです。

君らは子どもの頃から知識を求める道にどっぷりつかってしまったために知識や情報と

いったものに洗脳されてしまっている。もちろん知識も有用である分野も確かにある。しかし、それはほんの一部分であって、私の体験では知識ではとても通用しない世界はたくさん見てきたし、知識よりもさらに大切なものがあると私は実感しているよ。

私は若い人たちを指導するときに「知、行、心」という言葉を使う。知をもって解決することもあれば、行動をもって解決しなければいけないこともある。しかし、もっとも大切なことは心で解決することであるという指導だ。

知識を多く追求したものには、心の分野が欠けてしまっている人が多い。いまの世の中、一流大学を出たという人が国の政治や経済を動かしているけれども、それらの人たちがどんな悪さをしているか、みなさんよく承知しているだろうよ。

なぜそうなるのか？　心を正してから知を会得しなかったからだよ。たとえば悪い心を持った人に知を与えてごらん。その知識を悪用して人を不幸にし、それでも平然としているだろう。心がないんだよ。麻雀だって知で打っているかぎり、ロクなもんじゃないし、知識人とされるヤツらは言うだけで誰も責任をとらないじゃないか。

私は麻雀を始めた頃、確率に頼っていてはダメだとすぐに気がついた。すぐその考えを捨てたよ。そして、わかったのは麻雀は「理論、技術、感性」というピラミッド構造になっているということだった。

　確率ウンヌンというキミらはピラミッドの底辺の部分で理論や知識で麻雀を打っている。ここに踏みとどまっている人たちが圧倒的に多いのも事実だけれども、数が多いからといって正しいとは言えない。かえって麻雀を悪くしているとさえ思う。

　次が技術だ。この分野はけっこうクセモノで、テクニックに走るあまり勝つことも多くなるがよい勝ち方をしない。ずる賢くて卑怯で自分本位で、弱い者いじめの世界だな。麻雀のプロと言われる人たちは、このあたりでごちゃごちゃやっているわけだね。

　そして頂上にあるのが感性という分野。そこには技術や理論、知識も入り込まず、感じえる世界に自分の身も心もまかせてしまう世界。ここに到って初めて麻雀とは流れだなと実感できる。実感できるのであって、キミのように「麻雀は流れだ」と知識で知っていても意味はない。むしろ害であると言っておきたい。

　なぜか？　知識で成功している人間が多いから世の中が悪くなるわけだろう。それと同じように知識で麻雀をやるから、麻雀を悪くする。だから「麻雀は悪」と見られてしまうんだよ。すべてそう。心を持って学べば学問もいい。しかし、そんなヤツはまずいない。だから学べば学ぶほど悪くなる。

流れとは自然の中にある。風が止まったらすべての生き物は死に絶える。血の流れが止まったら、死ぬだろう。麻雀も同じなんだよ。麻雀は４人で流れを作るものだろう。そこに理論やテクニックだけで打とうとするヤツがくると、血の流れが止まってしまい、ほかのメンバーが死ぬ。

流れを重視している人は本当に少ない。だからずる賢い麻雀を打ち、あがっては喜び、振り込んでは悔しがる。点棒が多いと喜ぶのは、学校の成績で点数が良いと喜ぶのと同じで、点数が下がったとたんに、ふてくされ、悪の道に入るだろう。

いくら言葉で説明しても、おそらく君のような初心者には知識だけになってしまう。だからあえて言う。知識ではなく心で打ちなさい。そのために自然に触れ、多くのことを感じることだろうね。

「無心」とは一体何か

Q――前の話なのですが、テレビで柔道の古賀選手を紹介していました。そこでインタビュアーが、「いちばん調子がいい時は、どんな時か」と質問した場面で、古賀さんは「何があってても相手がどんな手で攻めてきても、不思議なくらい落ちついて自然と受けることができる。まさに自分自身が無になって相手そのものになった感じ」と答えたのです。そのとき、たしかに会長も言葉こそ違っているにしろ、同じ様なことを言っていたと頭に浮かんだのです。どんな領域であれ、そこで一番強いとされる人、超一流の人物に、きっと共通するのではないかと思いました。〝無〟になるとはどういうことで、どうしたらそうなれるのか。どうして〝無〟の状態になると強くなれるのか、ぜひ教えてください。

私の体験で言えば、無とは、何もなくなるという状態ではない。無とは死ではなく、かぎりない生命であり、無限の広がりのような気分。そして見えるはずのないものが見える。麻雀で私が無の状態にはいったとき、相手の牌ばかりではなく、心の動きまで見て取れた。柔道の古賀選手が、そのとき無であったかどうか、私にはわかりません。彼の無の次元なのか、無のトバ口なのか、無の最高潮か、いずれにしろ古賀選手にとって心と体の動きが最高の状態に置かれ、したがって技も最高になり、まさに心技体が一致した状態だったのでしょう。

古賀選手は柔道という日本の厳しく険しい武道の道を歩みながらも、社会の一員として組織における雑念に身を置かなければならない状況の中で、柔道と一体になれたというのは、素晴らしい体験だったと思います。もちろん、それは一流の柔術家ならばこその体験でしょう。

私が想像するに、古賀選手が最高の状態に入ったとき、相手の心と体の動きがスローモーションのように遅く感じられたのではないか。だから落ち着いて闘うことができたのだろうと思いますよ。

多くの人が勘違いするのは、よく「落ち着け、落ち着いていけ」と言うけれども、それで落ち着くことができるのなら、誰も苦労はしない。落ち着くことが大切だとみんな言うけれども、本当に大切なのは、落ち着ける状態を自ら作りだせること。古賀選手のように才能に恵まれ、その上、努力、工夫を積み重ねて、どうにか垣間見ることができるのが、無の状態であり、心の落ち着きなのです。

それともう一つ、勘違いしてもらっては困るのは、宗教の言う〝無〟とは異なる世界であるということ。多くの宗教は欲をなくせという。煩悩《ぼんのう》を消すことで悟りが開けるという。しかし、性欲をなくし、食欲をがまんしていけば生命は、どうなりますか。死にいたらしめることになるわけですね。そこで皮肉を言えば、生命の死によって彼らは利益を得る。葬式、戒名、何回忌の法要、坊主丸儲けということになる。この邪心があるかぎり、無の状態になれるはずがないんです。

いつも言っているけれども、私は不自然なもの、不自然なことが大嫌いだ。そして自然であることをこよなく愛す。自然界に限りない生命がわいてくれれば人間は本当に豊かに暮らせるはずですよ。しかし、いまは逆に、限りない自然を人間が食いつぶして、その結果、人間自身が崖っぷちに追い込まれている。経済では豊かになったけれども、心は貧困。

無心とは、本物の豊かさを求める心だと私は思っていますよ。それは自然の中に限りなく存在しているものであって政治家や経済人、評論家と言われる人たちの言う話の中にはないと断言しておきます。

コンプレックスは武器になるか

Q――自分はいま、自分自身がとてもイヤなんです。顔も童顔で、子どもっぽいし……。顔はその人の内面を表すとよく言いますね。もっと落ちついた大人っぽい顔になりたいなと思うんですけどどうしたらいいのでしょうか。たしかに自分自身を考えてみると甘えん坊の性格であるような気がします。だけど、どういう人が甘えた性格ではないのか。それがイマイチわからないから、目指すべき方向もわからないんです。童顔のせいで、すごくコンプレックスも強いほうです。それを乗り越えるにはやはり歳相応の考え方ができる人間になりたいと思うのです。

こいつは、何を悩んでいるのか、さっぱりわからないな。甘えを取りのぞきたいけど、どうしたらいいのかわからないって、お前ね、それが甘えだろう。

こいつの顔にはきっとイヤな幼さがあるよ。醜い幼さだ。

子どもの幼さには二つの面がある。純粋だからこそかわいいなという幼さと、もう一つはしょうがないなという幼さ。利己的で、強欲で、不純な幼さと言ってもいい。

本来、大人になっても純粋な幼さを持っているべきなんだね。ときどきいるよな。童心をもった魅力的な大人がさ。ところが、多くは純粋さを失い、不純な幼さを持ったまま大人になる。こいつは、童顔で不純な幼さという荷物を抱えたまま大人になったんだな。

この子は「顔はその人の内面を表す」と言っているだろう。違うね。とんでもない勘違いをしている。内面を隠している奴がいっぱいいるじゃないか。善人ヅラをして腹の中は真っ黒な奴がいるだろう、まわりに。

本当の自分の顔で歩いている人は、１００人のうち2、3人じゃないか。残り90%以上は、表だけとりつくろっている外ヅラのいい奴ばかりだと私は思っているよ。

もっとも、物事には裏と表、内と外があってあたり前だ。そのバランスが大事なんだよ。お前も、そうだろう。必要以上に外ヅラだけを気にしてるからバランスが崩れてしまっているわけだ。

私のまわりに、身長が160センチで、見かけも高校生にしか思えないような23歳の男の子がいる。彼は、体は小さいけれども、じつに大きく生きている。与えられたものを自然に受け止め、精いっぱい、ナチュラルに生きているよ。

あるとき、彼は私に言った。

「会長、自分は人をなめることもせず、人にもなめられず、そんな風に生きたい」

正解です。これが彼に自信をもたせ、自然な歩みをさせているんだよ。

ところが、君は自然な歩みどころか、不自然なところに身を置いてしまっている。河原の石は、形も大きさも全部違うだろう。それが自然だよ。ところが、君は全部整っているような不自然なところにいるから、コンプレックスの塊のようになってしまうわけだよ。わかるか。

不自然なものは不安感を人間に与える。見慣れない不自然なものを見たら、お化けじゃないかとおびえるだろう。君は自分の顔を不自然に童顔だと思っているから、嫌いになったり、おびえたり、コンプレックスになってしまう。

しかも、このコンプレックスという奴は、さらにコンプレックスをもった人間をイジメにかかるという悪い癖を持ってるから始末が悪いんだな。

とにかく、お前は、自分に与えられたものこそ自然なんだという意識を持ちなさい。顔、頭、体、すべて与えられたものとして自然に受け止め、そして、自然にふるまえ。

もうひとつ、依存心は醜い幼さの象徴だってことを言っておく。早くお母ちゃんのおっぱいから自立しなさい、アマちゃんよ。

ギャンブルに向かない人間

Q――パチンコを始めて1年ほどたちますが、毎日のように打たないと気がすみません。最初の頃は、そこそこ勝ったりしていましたが、いまでは大赤字です。1日に3万円から4万円もスッたりすることもあります。そのためにとうとうサラ金に手を出してしまいました。自分でもここらでキッパリと止めたほうがいい、と思いつつ、もしかしたら勝てるかもしれない、負けが取り戻せるかもしれないと考えると、ついついやってしまいその結果、また負けるのです。自分でも、つくづくギャンブルに弱い人間だと思います。ギャンブルに強い人と弱い人というのは何が違うのでしょうか。そして、必勝法なんてないと思いますが、会長の意見をぜひ伺いたいのです。

こういう子、最近、多いね。もともと弱い子だろ。自分に対する管理能力もないから一発逆転、ラク発想を持っている。弱いくせにギャンブルにのめり込むのは、ラクして儲けたい、棚からボタもちみたいな発想を持っているからだよ。

本当は、あんたのような弱い人間は勝負しちゃいけねえんだよ。あんた、恐い人や強そうな人とケンカしますか？　やんないでしょう。やったら負けて、どれだけダメージ受けるのかもわかってるもんな。

で、あんたのパチンコだけど、客と店とどっちが強いか。明らかにパチンコ屋のほうが強いだろう。ハナからパチンコ屋の勝ちなんだよ。決まってるじゃん。あんたは負ける勝負をやり続けているんだよ。

ただ言えることは何事も勝つだけが楽しみじゃないってこと。負けても楽しければパチンコでもなんでもやってもいいよ。だけど、あんたの場合は、もう苦しみだろう。楽しみじゃねえじゃん。苦しんでいるんだったらやめなさい。簡単なことだよ。

しかし、ギャンブルのしのぎ方ぐらいは教えてやろうか。

パチンコ屋対客。この勝負、5分5分とは思えない。負けの確率のほうが圧倒的に高いでしょう。7対3の確率で負けると見る。競馬も同じ確率だね。ということは、10回に7回は負けるんだよ。ただし、勝ち負けは回数ではないだろう。7回の負けを極力小さくして、3回の勝ちを大きくすれば、どうにかしのげるわけだ。これしかないんだ、ギャンブルをしのぐ方法というのは。ケガをしないでやっていく方法は、負けを小さく、勝ちを大きくするしかない。これが鉄則。

そこで、強い奴と弱い奴の違いは、どこにあるか、私は三つの要素が必要だと言ってる。それは、「運量《うんりょう》」「勘《かん》」「見《けん》」の三つを磨くことに尽きる。

運の流れや時の運を知り、勘による瞬間的な判断力を下して、そして、状況を見極められる度胸、勇気を持っているかどうか。これはギャンブルだけじゃない。人生そのものにも言えることなんだ。

さて、これらをどう磨くか？　運は天運、地運というように自然の中にあるものだ。だから自然と深く関わることが何より。勘は、頭で考えるのではなく、瞬間的な動作によってしか磨かれない。これは善か悪か、正しいことかなどと本を読みながら考えていたらカンは鈍るいっぽうだな。要するに思考の短縮、これが勘。カメラもそうだろう。最初は考えながら撮っている。構図、絞り、光りの加減。それが経験を重ねていくうちに考える必要がなくなる。それが勘だよ。そして、これ以上近づいたら危険だという見極めだ。山に入ればわかるよ。海にもぐってもわかるよ。これ以上進めば、自分は死ぬという瞬間。これも自然が教えてくれるものであって、学校や会社、日常生活の中からは生まれてこないわけだ。

この三つを磨いた上でやるならよし。しかし、それでもラクして勝とうと思うならギャンブルは止めるべきだな。

「人徳」とは何だろうか

Ｑ――よく人徳があるとかないとか耳にしますが、生まれもった徳の量が人の人生に大きな影響を及ぼすと、私の亡き祖父がよく言っておりました。口数が少ないのに、なんとなくほのぼのとした存在感のある人がいます。その一方で、とくに悪いことをしているわけではないのに、こづかれたり、仲間はずれにされたりする人もいます。この両者は育った環境や性格が違うからというだけでなく、徳がかなりの要素を占めているのではないかと思うのです。徳を器量と置き換えられると思いますが、先生は、この徳というものは、どういうものだと思いますか。また徳を積んでいくとはどういう生き方なのか、教えてください。

この方がおっしゃるのは、悩みというより「お勉強」ですね。このような質問には従来なら宗教家や坊さんにでもお尋ねになれば、しかと答えは返ってくるでしょうね。神さんのおそばにおられる方へ尋ねるべきところを〝鬼〟の私に聞いてきましたか。

と、私がていねいな言葉づかいを心がけているのはふざけているわけではない。この人に好感を持っているからです。

なぜかといえば、この人がくれた葉書の文字が、子どもっぽい幼い字体でありながらも、ていねいにつづられていること。小さい頃の感性をいまも持ち続けている人なのだと思うのです。その証拠に、この世の中、損得の「得」ばかり考えている奴が多い中でこの人はおじいさんの言葉をいまも大事にしている。私は、こういう純朴な感性をもった人が好きなのですね。

そこで、徳と器量ですが、このふたつは少し違うと思う。徳とは、好きな人のために何かをして喜ばせるとか、誰かに認められたいがためにする行為や気持ちではないはずです。好きだからやれて、嫌いならやれないというのは自己発想的で、行為ではあるけれども、徳ではない。

あるいは、私あてに悩みや相談がもちかけられる。それに対して誠心誠意をこめてお答えしているけれども、これはひとつの行為であって徳ではないのです。そこに少なからず私への見返りがあるし、だいいち私の行為が人目に触れすぎている。

徳を積むというのは決して人様に触れることのない行ないであるべきです。裏に隠れた善い行いが徳だと思う。それを「陰徳」と言うのですが、私のように目立つ能書きや善行みたいなことをやっていても、決して徳を積んだ人間とは言えないのです。

ひとつ例を挙げます。私の長男が小学校を卒業する時、お世話になった学校にお返しをしたいと私は思っていた。ちょうど卒業式の前日から雪が降り始めたのです。大雪になり、私は夜中、1人で出かけて行って雪かきをした。この時、誰かが登校する前に終えなければいけないと思っていた。誰かに見られたら、「陰徳」ではなくなると思ったからです。と、ここで言ってしまったから、もう徳を積んだことにはならないのだけれども……。

人の目に触れるような行為は、特に副作用を持つ。まわりから見ると、自分だけ格好つけやがってとか、点とり虫が、と思われてしまう。それが、この人が言う、とくに悪いことをしているわけではないのにいじめられる奴です。善いことをしているのに「自分だけいい格好しやがって」と思われるのは器量の問題ではなく、徳の積み方を間違えているということに尽きます。

ボランティアが悪いとは言いません。悪業よりはいい。しかし、ボランティア行為が表に見えるかぎり、徳を積んだことにはならない。それを知っておくことは大事です。人知れず善い行いを心がける。それが「陰徳」を積むという生き方なのです。

無気力からの脱皮

Q――「もうダメなんじゃないかな」と思い始めると、生きる気力がなくなって、どうしたらいいのかわからなくなります。精神的な病気というか……。朝、どうしても起きられません。だるくて、会社に行くのがおっくうで、遅刻ばかり。最近会社に居づらくなっています。いっそ辞めちゃおうかな、と。まわりの人は「お前のはやれないのじゃなく、やらないだけだ」とか「甘ったれてるだけだ」と言います。たしかにそうだと思うけど、どうしてもダメでますます自分がイヤになっていくんです。どうしたら、何かやろうとか、面白いとか感じられるようになるのでしょうか。気力がまったくわいてこないのです。

最近、こういう子が多くなっているね。決して怠け者ではなく、むしろやる気はあるのに体が動いてくれないというケース。

私のまわりにもこの子のような子どもが幾人もいた。登校時や出勤時に無気力状態になってしまうというんだな。で、まわりからは、おめえ、やる気がねえんだとか、怠け者とかと思われている。しかし、私からみれば違う。これは精神的な病気なんかじゃない。むしろ肉体的なものが原因で精神を病み始めていると言ったほうが正確だよね。

別に私は医療関係者でも宗教関係者でもない。ただの麻雀打ちだけれども、何人もの同じ症状の子を治してきた経験から言わせてもらうよ。これは、血の問題なんだ。血のめぐり、血の循環の問題だと思う。一般的に低血圧の人は寝起きが悪いというだろう。朝起きてすぐには活動できない。君の場合も、寝ている間に血が下半身に移動してしまっているんだな。それで、脳の命令系統に血が戻ってくるのが体質的に遅いのだと思うね。

人間は活動していないときは、下半身に血液が行ってしまうだろう。足がむくみやすいのもそのためだ。しかし、血は流れているから、また上へ上がっていく。この循環のシステムが悪いのじゃないのかな。

ことに朝が弱いというのなら、枕を低くしたり、逆に足のほうに枕をして寝てみるといいのじゃないか。そして、血のめぐり、血行をよくする運動をやる。乾布摩擦を毎晩やって寝る、食事面に気を配るとか血のめぐりをよくすることが先決だね。

「やろうとしないだけだ」とか「甘ったれているだけだ」とまわりの奴が言っているらしいが、とんでもないことだ。足の不自由な人間に「なんでもっと速く歩けないんだ」なんていう人間がいるか？ 血行という目に見えない部分の障害だけにまわりから誤解されるのだろうが、君は怠け者でも甘ったれでもないよ。むしろ気がつきすぎるくらい、気を配る人だと思う。精神的に参ってしまうのは、周囲の無理解と、プレッシャーが原因。本質的には肉体の問題なんだ。

だから君もまず血行を良くして、そして走れる喜びを知ったらどうですか。私のまわりの子たちも、このアドバイスで走りだした子がたくさんいるよ。決して精神的なものと思わず、ちょっとした体の故障を治す気持ちでやってみることだね。だって故障した車は走れないんだからさ。ちょうどいい、冬に向かって乾布摩擦を毎日やってみなさい。絶対によくなるはずだよ。

潜在能力を引き出す生き方

Q――無意識とはなんなのでしょうか。先日、街で30歳ぐらいの男性に話しかけられたのです。その人は、人間には表に出てくる能力のほかに眠っているパワーがあり、多くの人はその力の存在を知らないまま暮らしていると言うのです。〝潜在能力〟と、その人は言っていましたが、あるセミナーに参加すると、その人の無意識のパワーが解放され、人生が大きく変わるからと、参加を求められました。会長、人間には自分の知らない無意識というものがあるのでしょうか。そこには、その人が言うような思いがけないパワーが秘められているのでしょうか。

あなたは世の中のすべてのものに関心を持って生きていますか？　世界の歴史、宗教、戦争、政治……、無関心なこともたくさんあるはずです。意識、無意識は、この関心、無関心と隣りあわせにあると思う。

誰でも飯を食うでしょう。これは腹が減ったという意識が働いて、空腹を感じ、何かを意識的に食べる行為だね。でも、呼吸はどうですか。意識してハア、ハアとやっている人がいるとすれば、その人はどこか具合の悪い人だよね。ふつうは無意識に息をすい、はいている。つまり、無意識というものは、存在するということ。

その意味からも、潜在的な力は君の肉体や精神にひそんでいるはずです。あるいは、遠い祖先から受け継がれたものが、意識できないところに表れていると私は思う。

かつて動物と同じような生活をしていたヒトは、天気予報に頼らなくても嵐がくるのを予知していたはずです。あるいは生命の危険をおびやかす敵が接近してくることを敏感に察知して、身の危険を回避する能力も備わっていて、その能力も現代の人間の肉体や精神にひそんでいると思う。

セミナーというのはともかくとして、自分の意識を改良するだけで人はずいぶん変えられるはずです。私自身はもちろんのこと、いますぐにでもちょいと手を加えれば、君の力は一瞬で倍加するよ。エネルギーの変化を起こすのです。たとえば、80キロの大きな荷物がある。意識が働けば、こんな重たい荷物はとても1人じゃ持てないと思う。ところが、「火事だ」という叫び声が聞こえ、炎が身近に迫ってきている。とっさに外へ逃げのびる。ふと気がつくと重たい荷物が横にドンとある。無意識のうちに運び出していた。いわゆる火事場の馬鹿力ですね。こういう例はたくさんあると思う。

君がそうした力を得たいのなら、時間を短縮する生き方をすることです。エネルギーと時間はものすごく密着しているんですね。たとえば、原子爆弾も、そう。凝縮された時間の中から核分裂を起こし巨大なエネルギーを生み出しているわけだろう。

意識とは時間をはっきりと感じることであり、無意識とは、その人が感じとれないほど凝縮した短い時間にあると思う。瞬間です。私の持論だけれども〝瞬間こそ愛である〟ということ。誰かが困っていれば理屈を考える前に行動する。瞬間に手を差しのべる。それが愛です。そして、そこに無意識の潜在的なパワーが生まれるということ。瞬間的に80キロの荷物だって持ち上げられる力がひそんでいるのだから。

そういうパワーを得たいのなら、君は生活を根本から変えなければならない。時間を無駄にしたり、時間に間に合わなかったり、そうした生活をしているかぎりは潜在的な力が出てくるはずはない。瞬間を大切にする生き方を志すことです。

死後の世界と自分の魂

Q——先日、友人が交通事故で亡くなりました。あまりにも突然でしたので、しばらくはボーゼンとしてしまって……。葬式で笑っている彼の顔写真を見ると、死んでしまったことが信じられないというか、不思議な感じでした。昨日まで一緒に話をしていた奴がもうこの世に存在しないのだと思うと、さすがに心にポッカリと穴があいたような感じで。本当に人間、死んでしまったら何も残らなくなってしまうのでしょうか？　魂はあるのでしょうか。肉体が消えても心は残っているのなら、まだ救われるような気がするんですけど……。

この質問は、死後の世界、死生観がテーマですね。私自身は、神様や仏様は大切であると思っていますが、特定の宗教に対しての宗教心や信仰心はない。そういう人間が語るということを前提に聞いていただきたい。私も知人の死に直面し、別離に深い悲しみをいだいたことが幾度かある。そして、自分も死を意識するほどの危険な目にもあっている。しかし、死後の世界については、まるで見当のつけようがない。

ただ言えることは、死後だけに地獄や極楽があるなどとは思えないということ。むしろ現世にこそ地獄があり、極楽があるのではないかと私は考えている。実際、倒産して借金地獄に陥っている人、長い間、病苦と闘っている人、サリンの後遺症に苦しんでいる人もいるし、学校や会社で死にたくなるほどのイジメ地獄にあっている人もいる。

ところが、宗教上では死後に地獄や極楽があると教える。誰も見たことのない世界を絶対的であるかのように言う。そして、地獄へ行きたくなければお布施をしなさいと脅して金をとる。そうすれば助かりますよ、極楽へ行けますよというんだろう。

私には、そうした宗教心も信仰心もないけれど、魂をもっとも大切にしている人間です。魂とは心、あるいは精神。心ある人は心や精神といった魂を土台にしているからゆるぎのない穏やかな生活を送っていますよ。私の尊敬する人物であるヒクソン・グレイシー選手は、私との対談の中でこう言った。「一族のシンボルは、精神、肉体、感情の三つの基本を大切にすることだ」と。

もっともなことだよね。美しい精神、強い肉体、豊かな感情。このバランスが、人間が生きるために必須条件だと思う。現代の人には、これがない。ないどころか、醜い精神、弱い肉体、貧しい感情という最悪の状態になっているだろう。だっていまの日本人の多くは生きるがために大切な魂を売り払ってしまっている。進歩、発展、便利という欲望を優先させた結果、人から魂がとりのぞかれてしまっているよね。

政治家や経営者に魂を感じられず、マスコミにはもとよりない。学校や家庭からも心や精神は消え、ただ欲望を満足させるだけの生活を日々送っている。生きながらにして魂を捨ててしまった人が、どうして死んで魂が残るだろうか？

わかるかい。料理ひとつとっても、心ある人が作ったものと、魂の抜けガラのような奴が作ったものは明らかに違うだろう。どんなに高級な材料を使っても、心のない奴が作ったものはすぐに見抜かれるよ。

君が友人の死に直面して、死後の世界を考えるのなら、いま自分の魂について考えてみたらどうですか。美しい精神、強い肉体、豊かな感情をもつこと。そのためには既成の宗教に頼らず、自分の中にある魂を信じ大切にすることではないかな。

見えないものを見る力

Q——テレパシーとか透視能力というのは本当にあるのでしょうか。会長はよく相手の手牌や切る牌が透けて見えるとおっしゃっていますが、それも透視能力の表れでしょうか。どうやってそれを会長は身につけられ、磨かれてきたのですか。そして、その能力は平々凡々なボクにも修行や鍛練によってものにできるものなのでしょうか。

テレパシーとか透視能力と言ってよいのか、私にはわかりませんが、無意識の力や本能によってつき動かされてしまう力というようなものは存在すると思います。

実際、私自身が幾度も、そんな体験をしているよ。たとえば、若い人たちを含めて何人かで海へ遊びに行ったときのことだ。ある瞬間、私は無意識のうちに自分の足が前へ進んでいくのを感じた。なぜ自分が進むのか、わけがわからないまま堤防の先端のようなところへ、ちょっと見た目ではとても危険な場所へと移動していたんです。

その直後、それまでいた場所に大波が襲ってきた。もちろん、そこにとどまっていたら波にのまれ、死者が何人か出ていたに違いない。なぜ自分の足が先端のほうへ動いたのか、わからないけれど、無意識の力が私を動かしたとしか言いようがないね。

エジプトでテロリストが銃を乱射して観光客を虐殺した事件がありましたね。あのときもじつは私は現場近くにいた。というよりも私たちの乗ったバスが故障して立ち往生してしまい、身動きがとれずにいたんです。もし故障もなく順調に進んでいれば私たちの乗ったバスは間違いなく事件に巻き込まれていた、と後になってガイドから言われたときは、ゾッとしたよ。これらは単に偶然の出来事だったと片づけることはできないね。何か目に見えない力が存在していると私は思う。

また、意識をちょっと変えるだけで不思議な現象が起きることもあるよね。ふだんは重たいと思っていた荷物が、状況の変化によって軽く持ち上げられたりする。いわゆる火事場の馬鹿力だ。それはおそらく意識の切り変えによって起きる現象だと思いますよ。

そうした力を私は超能力だとは思わない。誰にもある潜在能力のような気がするね。

したがって、そうした能力を高めることは可能だし、実際、私はそうした力を出す方法も、実践しているよ。たとえば、空気を吸うという行為。みなさんはこれを呼吸だと考えているでしょう。しかし、私は違う。空気は食べるものという意識を持つことにしている。なぜか、空気の中に含まれている大きなエネルギーが私の体内で栄養素になると考えるからです。そうすることで自分の力が倍加しているように思える。

そして、私が大切にしていることは、常識や知識にとらわれないこと。あらゆる事柄、現象を自分の心で感じて生きるようにしていくと見えない物が見える感覚になる。

すると誰かに命令され、指示されて動くのではなく、「あれをやってみたい」と、素直に自発的に行動できるようにもなるし、つまり見えなかったことが見えるようになる。やりたいこともわかるようになる。それが私の考える無意識の力、本能の力です。決して超能力ではなく、誰にでもある能力だと思うね。勉強で身につけた頭デッカチではなく、心の眼。それを磨くことです。

第4章

人間とは矛盾でできた粘土である

答えがないから面白い

人間はなんのために働くのか。哲学的な話をするつもりはないけれども、単純に考えていけば、食うための手段だ。したがって生きていくためには働かなければならないのは、あたり前の話だ。

ところが、人間様は不思議なことに必要以上に金を蓄えようとする。蓄えて、人にほどこしをするかといえば、そうではなく蓄えるために稼ぎ、稼いでは蓄える。この堂々めぐりのゲームを続けていくと、どうなるのか。人の心はすさみ、社会全体が病んでゆく。いま起きている妙な事件や残酷な殺人事件などの根本には、この堂々めぐりの金儲けゲームがあると思うよ。

成功した人たちの苦労話。そうした情報を読んで感動し、俺も私も僕もとみんなが金儲けに走るだろう。みんながんばればがんばるほど物質的には豊かになるけれども、そのぶん世の中の人間が悪くなるとしたら、何かが間違っていると見るべきじゃないのかい。

だから松下幸之助のようになれと言われても、「イヤなこった」と拒絶するよ。松下幸之助も、本田宗一郎も、町工場時代まではよかったと思うよ。なぜなら身近なところや身近な人々に目を向けていたから商いの心、技術者としての心があった。

しかし、やがて金を儲けて組織が大きくなっていくと守りに入る。守りを固めるためにより攻撃的になる。攻撃こそ最大の防御なり、などともっともらしいことを言ってはさらに組織を大きくしようとする。そこから争いごとがおき、シェアの拡大、市場独占だのよこしまなことを考えてしまうのじゃないのかい。それが経営戦略だの、戦術だのとかっこよく言っているけれども、要は金儲けだろうよ。

＊

豊かさは悪いことではない。極端な貧困よりはいいと思うけれど、いまは、そのバランスが大きく崩れている時代だね。

日本人は近年、ラクして儲けることを追求しすぎた。そのピークがバブル時代だとすれば、その落し子たちが、いまいろいろおかしな事件を起こしている。

簡単にキレて人を殺したり、子どもを虐待する。陰湿なイジメ、ストーカー行為。決して人ごとじゃないと思うよ。まるでロボットのように何も感じなくなっている若者が増えているから、いつだって被害者にも加害者にもなりうる時代だね。

進歩というのはラクをすることだろう。たとえば、昔、痛いと思っていた病気やケガが、新しい薬を作ることで痛みを感じないですむようになった。これが便利を追求した結果の進歩だ。その反面、痛みを感じないですむことは、相手の痛みもわからなくなるということだろう。ロボット、ターミネーター…。生身の人間じゃないんだよ。

生活感がないのが問題だな。昔は汗をかく仕事が多かったし、暖をとるにも風呂に入るにも薪《まき》を割ったり、石炭を運んだりしたけれど、いまはスイッチを押すだけだろう。生活の匂いを消すことばかり考えている。

原点に戻り、自然に生かされている人間であることを自覚しないかぎり、世の中はどんどん殺伐《さつばつ》としていくね。

＊

多くの若い人が社会生活の華やかさに憧れているけれど、はっきり言って、人混みにまみれた街の中には何も得るものはないんだよ。ゴミだらけだろう。ダイオキシンじゃないけれど、しょせん人間の都合で作り出した物なんて有害なものしかないよ……。

思考だって同じだ。文化人ヅラした奴らがダイオキシンみたいな害のある思考をタレ流しているだろう。という私自身、都会生活者だけど、だからこそ無性に自然の中に抱かれたくなる。年に何度も自然に触れたくなって長い休暇をとるわけだ。

前にも触れたが、ある雑誌の対談で格闘家のヒクソン・グレイシーと会った。土俵は違うけれども、同じ勝負師。すぐにお互いを理解しあえたし、何より彼も私も、自然の中から学ぶことの大切さを知っている男だからさ。私は開口一番、こう言ったんだ。

「あなたは世界最強の格闘家ではありません。世界最高の人格者です」ってね。

高田との試合のことなどひと言も話さなかったよ。わかり切ったことだろう。勝つのは。それより考え方、大切にしているものは何かを2人で語り合った。共通していたのが、自然への思いの深さだったね。

彼は試合前になると必ず山にこもるそうだ。自然から力を借り、そして自然から学び、同化する。ほかの奴はみんな、人間から学ぼうとするだろう。しょせん人間の力なんてタカが知れたものだよ。私自身、麻雀の試合前、ずっと外で寝ていたこともあった。雨が降ってもビショ濡れのまま寝る。自然の力を体の中に取り込むんだ。

ひるがえって、いまの人間はどうだ?

ゴミためみたいな環境を喜び、自然という一番大切なものから離れていることに気がつかない。あらゆる病気、悩みが、この豊穣《ほうじょう》なる自然から離れてしまったがゆえに生まれてくるというのに。

もっと自然を見なさいと言いたいね。そこには必ず力を与えてくれるものがある。逆に自然から離れてしまったことで、どんどん悩みや苦しみを増やしてるんだ。

*

つねづね私は「人とは矛盾でできた粘土細工である」という言葉を使い、いろいろな出来事が起こるたびに深くそれを思う。だからこそ「調和だ、バランスをとれ、自然との共存が大切だ」と考え、若い人たちに言い続けてきた。

これらが崩れるとさまざまな矛盾が吹きだしてくるからだ。人がどれだけ迷惑しようとも自分勝手に振るまい、人が悲しもうとも自分が良ければ良いという発想が根づき、次から次へと事件や不祥事が起こってくる。あげくの果てに自然界を滅ぼし、自ら生きる道をも閉ざしていく。

*

つくづくヘンな世の中になったと思う。私が人生相談をやるような時代とは、いったい、どういうことだろうか。

ふと気がつくと、雀鬼会の若いメンバーのタイプが大きく様変わりしている。昔は、本当に手のつけられないような暴れん坊ばかりだった。暴走族上がりで、この先はヤクザになるしかないというような連中も多くて、先生であれ、親であれ、呼んでもアゴを上にあげて「あん」としか返事のできない奴もいた。

もちろん、そういう連中も事情を聞いていくと両親が子どもの頃に死んで孤児院に預けられたり、貧乏で学校へも行けなかったり、差別の問題で悩んでいたり……。ドロップアウトした理由がはっきりしていたし、納得もできた。

ところが、最近、雀鬼会にやってくる若い人を見ると、じつに不思議だ。生活にも困っていないし、家庭もしっかりしている。それどころか、東大やら慶応といった有名大学へ行っている。あるいは、名の知れた大きな企業に勤めているような奴もいる。つまり、何ひとつ不自由していないようにみえる奴が心に悩みをかかえて雀鬼会の門を叩いてくるのだ。

世の中から見れば私のところに来る奴はみんなドロップアウト組だ。ところが、複雑なのはドロップアウトしたのならヤクザになっていればわかりやすいのに、一流だとか有名と言われるような会社や大学にいるから、困るのだ。

なぜ、こんなことになるのか？　原因は勉強のやりすぎも大きな理由。いまの学問は、問題には必ず答えがあると教える。しかし、世の中の実生活に答えがはっきりと出るようなことはあるか？　麻雀にも答えはない。状況によって変化し、答えがないからこそ面白いのではないのか。

ところが、最近の子たちは答えないと納得しない。俺が愛しているのだから、お前はなぜ裏切るとか、俺がこんなに頑張ってるのに会社やまわりは認めてくれないという被害者意識ばかりが強くなる。

実生活には問題は腐るほどある。しかし、答えはない。そういう発想で生きていけばもう少し楽しく生きられるはずだ。

豊かさのなかにある危機

Q——いま不景気だ、不況だとテレビも新聞も言っているじゃないですか。でも、本当にどこまで不景気なんですかね？　街に出たら、人が多いし、食い物も、いろんな物があふれている。バラエティ番組を見てたら、大食い競争とか、やってるし。個人個人を見ても、カネがなくて、本当にピーピー言ってる奴は、そんなにいませんよ。戦中、終戦直後に比べたらずっと恵まれているはずですよね。マスコミが言っていることと現実が、どうもかみ合わない気がします。いまの世の中、どうとらえたらいいのでしょうか。

ま、世の中、平和すぎると、こういう質問が多くなるんだね。まやかしの世界にひたると、本質が見えなくなるわけだ。基本的に人の暮らしは着る物があって、食べることに不自由がなく、雨風がしのげる住まいがあればよかった。衣食住だね。それが自然から生まれた人間の本能的なところにある欲だよ。それ以上のものは人間のもつ限りのない欲望の果て。その象徴が、バブル経済絶頂の時代だね。

不景気だと言っているけれども、君の言うように終戦直後に比べたら、じつに豊かだね。あるいは、世界の発展途上国に比べると、日本はたいへんな金持ちだ。宝の山だよ。基準をどこにおくかで見方が変わるわけだ。

しかし、問題は、政府、体制側が何を考えているか。そこをキチッと押さえておかないと痛い目にあうのは、君らだよ。日本はついこのあいだまで一億総中流家庭と言われていた。上流と中流だけで、貧困はないという気分だったよね。こうした状況は、世界の歴史、現在の世界の状態を見ても、あり得ない。ふつうは、権力と大衆、貴族と奴隷、豊かさと貧困、上流と下層、つまり二極分化している。しかも、数％の金持ちと、90％以上の貧困層に分かれているのが歴史であり現実だ。これが世の習わしであることを認識しておくこと。

そこでいま日本で起こっていることを考えてみろよ。税金で銀行を守ろうとするのは、なぜだい？　いっこうに貸し渋りがなくならず中小零細企業がつぶれているじゃないか。マジメに一生懸命働いたお父さんたちがリストラされるのはあたり前という風潮は、なぜなのか？　そして高額所得者に有利な税制。すべて中流を下層に叩き落とそうとする流れではないのかい。

それでバカなマスコミが、自由競争の時代だとか言っていかにも自由な競争が正しいことのように言っていたが、大と小が同じスタートラインについて、小が本当に勝てると思っているのか。

国が滅びるとはどういうことか。権力が滅びるということだろう。その権力は、つねに大とともにある。だから生き延びるためには、小をつぶして大を守るんだよ。

そこで君だ。いま大・中・小のどこにいるのかな？　のほほ～んとしているところを見ると、まやかしの世界にヌクヌクと生きて去勢された中流意識の人間かな。だとしたら君のように危機感のない奴が、最初に下層へ流れていくと警告しておくよ。

しっかり目を開いて世の中を見ろ。本質を探れ。決して権力者の言いなりにならず、反骨精神を持て。そうやって１人１人が意識的に生きることが大事なんだよ。

流されるだけの人間

Q――日本という国がたまにイヤになります。1人1人が、自分を持っていないというか、あまりにも流されやすいように思うのです。マスコミが取り上げると、みんな飛びついたり、高校生までが高価なブランド物を買う。趣味も、余暇の過ごし方も、みんな似たパターンで、そうでない人間を変な人種でも見るような感じで差別したりする。電車に乗れば、スーツを着たサラリーマンがギュウギュウ詰めで、だからといって誰か声高に文句を言う奴はいない。私は大学生ですが、来年、社会人です。自分もあの波にのまれ、自分を殺して生きていくことになるのか、と不安を感じたりします。いっそ会社勤めなどせず海外でも放浪してみようか、なんて考えますが、しょせん、学生ののんきなたわごとでしょうか。

これは学生ののんきなたわごとどころか、私だってときどき海外へ行っちまいたくなるよ。決してたわごとじゃない。ただ勘違いするなよ。日本という国がイヤだからと外国へ行っても、そこにも多かれ少なかれイヤな面を持った他の国が存在するだけじゃないのかい。アメリカにだってイヤな面があるよ。

イヤだ、イヤだと思っている日本という国を離れて、よその国から日本を見直すのならいい。海外へ行くことで、もしかすると日本にもいいところがあるんだと気づくかもしれないしね。つまり、外国が良くて日本が悪いという発想で外国へ行くと、やっぱりその国の悪い面を発見して幻滅するよ。結果、どこへ行っても悪いということになってしまう。

君は、日本の社会構造を正しく見ておく必要があると思うよ。日本は間違いなく商人社会、商人国家だね。これは資源が少ない日本の体質だ。外国から資源を買って製品化して、また外国へ売る。長年、そうやって暮らしをたててきたけど、これを続けているうちに物だけではなく魂や心まで売ってしまったのが、現在の日本人ではないかい。自分の精神や心まで売ってしまったから自分という存在がなくなっちまった。だから君が言うように極端に流行にとらわれてしまうんだね。

一見すると日本は豊かな国に見えるだろう。しかし、日本という国は、じつは自分を売って暮らすほど貧しい国なんだよ。貧しい国の女性たちが自分を売って生きているのと、いったいどこが違うんだい？　貧困だからどうにかして金を稼ごうとなりふり構わず走るから、価値観のないまま社会の動きに流されていくわけだよ。

最近、そういうことをふつふつと感じるようになった人たちが、会社を辞めて出家したり、山村の炭焼き小屋で暮らしながら、自分をとりもどそうという動きがあるだろう。君も、自分が自分であって自分じゃないことにイヤになっているんだろう。

君は、まだ若いから遠い外国へ行きたいと思うんだよね。身近にあまりいいことがないから遠くへ行きたいと。しかし、これが病的になったとき、生から遠く離れたところにある死を極端に神聖化させて、強い憧れを抱くわけだ。それが自殺願望だよね。

ふつう、人は弱い。そして弱い人ほど群れたがる。群れなければ生きていけないのが人間の弱さなんだよ。結局のところ、人は弱いほうへ流されていくけれど、君は社会人になって物は売っても、魂や心を売ってはいけないよ。

人の流れに逆らう必要はない。反逆しろとも言わない。自分の流れさえ知っていればいい。その強さがあれば、社会や人の流れと違っていても恐れることもなく、自分の生きたいように生きられるはずだ。

世の矛盾との戦い方

Q——世の中の矛盾に対する自分の思いやいきどおりを会長に聞いていただきたく、手紙を書きました。警察——犯罪が少ないと警察官の存在感がなくなるので事件を根底から解決しない。病院——患者が減ると収入が少なくなるために根本的な治療をしていない。マスコミ——正義ぶったり善人ぶっているが、不幸な事件や事故がないと視聴率が上がらないので人の不幸を待ち望んでいる。金持ち——借金苦や収入の低い貧乏な人がいなくなると、金持ちは生まれない。資本主義経済を支えているのは犯罪者、病人、貧乏人など、不幸な人々であるように思えます。本当にヘンな世の中です。よい社会になってほしいと思い、自分はがんばっていますが、現実は本当に矛盾だらけです。

人間とは矛盾でできた粘土である。これは俺がずっと考え続けてきたことだ。人間というものを神様がつくったとしたら、矛盾という粘土で人間をつくり上げたのではないかとさえ思うよ。だからこねればこねるほど矛盾したものが、また生まれる。

子どものときは矛盾をあまり感じなかったでしょう。しかし、大人になるにつれて勉強だ、生活だとこねくり回しているうちに矛盾を感じ始める。そして、大人になってしまうと矛盾という言葉を否定し、「世の中は、そんなもんだよ」と投げてしまう。そして平気で矛盾したことをやるわけだよ。

私自身、自己を見つめていくと、8割方悪であり、8割方弱い人間だと思っている。弱いがゆえに人の力を借り、協力を願い、人間とのつき合いをより良くするために努力もする。１人の人間の中でさえ、弱さと強さ、善と悪という相反するものがあるのです。つまり人間そのものが矛盾した存在なんだね。

君の最初の疑問についていえば「自分のもの」という感覚があるかぎり、犯罪はなくならない。いわば盗人根性だよ。空き巣とかコソ泥だけではない。もっとわかりにくい形で多くの人々に巣食っているものだ。

大昔、食べ物を狩猟でまかなっていた頃は、その日、食べる分だけあればよかったでしょう。みんなに分配し、神に感謝しながら生命をいただく。なにより余計に獲ってきても腐ってしまうのだから、ムダな殺生もしないわけだ。

ところが、つねに食べられる状態、つまり食物を安定供給するために蓄積する技術を開発したわけだ。稲作とかな。これが富の蓄積であり、盗人根性の始まりだよ。誰かにつくらせて権力者が蓄積する。蓄積した者は、さらに強い権力を握る。そして、法律をつくり合法的に弱者から収奪するシステムを作る。これが合法的盗人だよ。

人間は安定や安心を得るために富を蓄積する。蓄積するために必要以上に働く。幼い頃から一生懸命に勉強して一流企業に入り、出世のために過労死寸前まで働く。どこに安心、安定があるのか。この矛盾に気がつかなければ、いつまでも盗人たちが大きな顔をするよ。

一方、矛盾に対してことさら憤慨してもいけない。素直に世の中を見ると矛盾が存在するのは当たり前だという発想も必要です。昼と夜、陽と陰、裏と表、強弱、相対するものが存在しているだろう。君の理屈やいきどおりの中には、それすらも認めようとしないかたくなな心があるように見える。

君はいまロボット的で一元的な思考にはまっているね。やはり、人間であるならば極端に走らずバランス感覚をもつことです。潔癖さより、柔軟さを持ちなさい。そうすれば矛盾に負けない、芯のしっかりした人間になれる。期待していますよ。

何を蓄えるべきか

Q――30歳を過ぎているのに貯金がまったくありません。まわりの友人たちは、貯金しているのに驚かされます。私にはこれといった人生設計もなく、これまで漫然と暮らし、ある程度まで貯金をしては引き出して使ってしまい、いまは結局ゼロです。「そんなことじゃ、結婚しようにも彼女に逃げられてしまうぞ。だいたい結婚式の金だってどうするつもりなんだよ」と、友人に言われ、あらためて自分の計画性のなさを身にしみて感じました。金遣いが荒く、貯金どころか借金さえあるくらいで……。どうしても計画的にお金を貯めることができないのです。

こういう人が多いから経済が成り立っているんだろうな。日本はちょいと前までアメリカに並ぶ経済大国だったわけだろう。その舞台では誰しもが踊ったよな。いわゆるアホ踊りだ。あんたみたいな人はかなり上等な踊り手だったんだよ。

経済社会はつねにあんたのような人間を作り、求め続けてきたわけだろう。皮肉を言えば君は経済社会を支えている立派な社会人ということになる。いちおう金は稼いで、その金をすべて世の中に還元しているわけだから大したものだよ。

社会の成り立ちというのは、君のような一般人を困らせて不安におとしいれ、その上で期待を持たせてがんばらせる、そういうサイクルの繰り返しだろう。それにまんまと乗せられているだけだよ。あんたみたいな人間がいるから少数の企業が大きく太り肥えていく。その一方であんた自身はなんの成長も前進もない。ただ腑抜《ふぬ》けな存在と化すのみ。わかるかい。

人間という生命体が生き伸びるにはいろいろな蓄えが必要となるよね。たとえば、クマだって必ず寒い季節がきて食べ物がなくなることを知っているから、暖かいうちに努力、工夫をして体内に栄養を蓄えて冬眠に入るじゃないか。それが自然の摂理ってもんだろう。人間だっていつ寒い風が吹いてくるかわからない。そのときのための準備、蓄えが必要なんだよ。ところがあんたにはなんの蓄えもない。準備不足では何もできないんじゃないの。

準備・実行・後始末。この3つのサイクルのうち、どれひとつ欠けても事は成就しない。あんたは準備もしていないから何ひとつ実行もしていないし、当然、後始末もできない腑抜けってことだよ。では、金だけを蓄えておけばいいのかというと、そうじゃない。君の友人も経済観念がくるっているよな。なぜ結婚に金がかかるの？　愛に金がかかるのはおかしいと思わないかい。結婚に金をかけるのは結婚式ビジネスという経済の仕組みに取り込まれている証拠だね。

知識、人格、信頼、愛……、それらの蓄えこそ必要なんだろう。金だけいくら蓄えても、心の寂しい人はたくさんいるよ。不景気になって中高年の自殺が増えているというけれど、一生懸命に会社で働いて金を蓄えてさえいれば大丈夫だと思っていたのにアホ踊り状態が終わってみたら、心が貧しかったり、弱かったり、家族の愛や、他人からの信頼も、そういう蓄積が何もなかったということじゃないか。

ところで君はどうか。金の蓄えはないらしいけど、信頼や友情、愛情の蓄えはあるのかい？　おそらくないだろうね。

大事なことは金だけの問題じゃない。心の強さ、肉体の強さ、信頼や愛情、それらを〝蓄える〟という考えと行動を身につけることだと思う。

夢を生きる工夫

Q――東京に出てきて10年になります。出てきたときは、それなりに夢とか希望がありました。でも、いまとなっては工場で1日働いて家に帰って寝て、また工場で働いて。土日も、どこかで遊ぶこともしていません。彼女もいないし、俺、なんのために東京で暮らしているんだろうと疑問を持ち始めているんです。仕事が楽しいわけでもない。お金を貯めているわけでもない。東京に出てきたのも、農業を継ぎたくないという気持ちが強かっただけのような気がします。先日、田舎からの電話で「お前もいいトシだから」と見合いをすすめられました。いまのままウダツが上がらないのなら身を固めて田舎に帰ったほうがいいのかもしれません。もっと夢のある生き方をしたいとも思うのですが……。

この子の問題と、その答えは、「農家を継ぎたくないという気持ちが強かっただけのような気がします」というところにある。つまり逃げているだろう。夢を追って、都会に出たようで、じつは現実から逃げていたに過ぎない。この発想がこの子の行動のすべての根本にあるはずだ。農業からも逃げ、仕事からも逃げ、友達からも逃げ、今度は東京からも逃げ、将来は結婚生活からも逃げることになりかねない。

自分を大切にするとか、自分の幸せを大切にするということは、自分の気持ちや行動を有意義にこなすことじゃないのかい。有意義というのは何も勉強をしろとか、仕事をマジメにやれと言っているんじゃない。なんでもいい、自分の感性、感覚、感情を、フル回転させること、それが有意義な生き方という。その点、いまの君は何に対してもフル回転させていない。逃げているうちは、当然の結果だろう。

ちなみに私の夢を語ろうか。物心がついたときに思ったこと。これを実行できることがまことの夢の実現だと思っていますよ。

子どもの頃、私はターザンになりたいと思った。ジャングルという自然の中で動物たちと裸で生きることを夢見ていた。その夢はこの年齢になっても続いていて、私は年がら年中熱い太陽のもとで裸になって水に潜り、魚と遊び、自然に抱かれています。そういうとき夢がかなえられている。ありがたいと感謝の気持ちがわいてきますよ。

いいですか。夢というのは大人の世界にあるんじゃないということ。子どもの頃に思っていたことの中にある。それも誰かから言われたようなものではなく、自分のイメージの中に現れているものこそが、夢です。

夢とか希望というものは、遠くにあるものじゃないんだよ。じつは、ものすごく身近なところにある。誰に教わったか知らないが、何かを達成するには長い道のりを努力や工夫、苦労を重ねながら、それに向かって突き進まなければならないと思っているんじゃないのかい？　そう見えるかもしれない。しかし、多くの人たちは人生をぐるっと遠回りして元に戻っていくんだよ。

オギャーと生まれた赤ん坊に親は何も求めていないよ。ただ健康であればいいと望む。そして老人になり、人生も終わりに近づくと、健康さえあれば、何もいらないと願う。

君もご両親から申し入れがあったようにぐるっと回って元に戻り、その身近なところで夢をかなえたらどうでしょう。たとえ農家を継いだとしても、そこで面白さを自分で見つけれぱ人生は有意義になります。逃げるのではなく挑戦する。ただ慢然と仕事をするのではなく、感性や感情を総動員して、土や虫としゃべったり、ビル風ではない自然の風や空気を感じとる。そうやって自分の人生を有意義なものにしていく。農家はつまらない、なんてどうして言えるでしょう。ということだと思いますよ。

有意義に生きるということ

Q——僕はいま一人前の板前になりたいと、ある店で修業していますが、その目標があるために、多少の苦労も苦ではありません。自分ではその点で〝有意義に生きている〟という感じがあるのですが、会長のおっしゃる〝有意義〟とは少し意味が違うような気がしてならないのです。「すべての感性と感情をフル回転させる」というのは、どういうことで、どのようにすればそうなれるのか、ぜひおうかがいしたいのです。

それじゃ、いま君が目指している板前さんに置きかえて、有意義な生き方というものについての考えを言ってみるよ。

一人前の板前さんとは何を指しているのかわかりませんが、それはそれでけっこうなことだと思うよ。ただ私は『料理の鉄人』というテレビ番組があったけど、ああいう人たちがつくる料理を1度も意味があると思ったことはないんだよね。それよりも女房殿やお袋がつくってくださったもののほうがよほど意味がある。

私は、一部の金持ちや権力者、有名人のためにつくる料理に意義をまったく感じないんだよ。高級とか一流とか、そんな冠のつく料理には、腐った政治の味と欲深い経済の味を感じてしまって、ちっともうまくないと想像できるわけだ。

わかるかい。私にとって意味のある料理屋とは誰でもが気軽に行けて、安心できる値段、そして心がこもっている料理を出す店。そこに最高の価値を見いだす。もっと言えば、子どもの頃、お袋様がつくってくれた料理こそが、最高級なんだよ。

私はもしかしたら麻雀においては一流の打ち手かもしれない。だからと言って私が打つ相手には政治色、経済色はいっさいない。１０００円か２０００円くらいしかお金の余裕のない子たちばかりが私のまわりに集まってきて、ともに麻雀というゲームを楽しんでいるだけだ。

私がもし世間のいう価値観にとらわれていたら、もっと大きな金が動く麻雀を金持ちや有名人と打っているでしょうよ。その結果として、私は自分の感性を捨て、世の中の理屈に合わせて生きていくことになってしまうだろうね。

世の中の理屈に合わせていくというのはたとえば、権力を持ったエラい人と麻雀を打つときには恥をかかせちゃいけない、負けてやるのが礼儀だと、自分の感性とは違う生き方をしなければならなくなることだ。私はそんな無意味な生き方はしたくないし、若い人にもしてほしくない。そこで君の問題だ。もし君が、一流の料理屋をやりたいとか、金持ち相手に料理をつくるとしたら、はっきり言って君の感性と感情は失われていくだろうよ。

客の立場から言えば、高級料理店に行くのは味がどうのこうのというよりは、権力を見せびらかしたり、見栄を張るために行くだけの話だよ。1本が数十万円もする年代物のワインを飲んで「さすがにうまいね」と、その気になっているだけのことだろう。

君だって、そんなバカ者を相手に料理をつくりたくないだろう。相手が誰だろうと、自分の満足する料理を出す。貧乏人であろうが、大会社の社長や有名人であろうと、安くてうまいものを食べさせる。それが結果として自分の感情や感性をフル回転させることになる、というわけだ。自分にとって本当に価値のあるものを見極め、それに感性と感情をぶつけること、それが有意義に生きるということなんだよ。

競争か、共存か

Q――「人は競争ではなく、共存すべきだ」ということを以前、会長はお話されました。私も同感です。ただ「自然はみな共存している」に関して、トータルに見ると微妙なバランスの中で共存していますが、個々を見ると違うように思えるのです。静かに立っている木々や草花も、日光をより多く浴びようと他の植物を覆うように伸びようとし、土の中でも多くの水を得ようと我先に根をめぐらせます。生命あるものは必ず他の生命を奪わなければ生きられず、生命の本質は競争から離れられないとも言えるのではないでしょうか。理屈をこねているようですが、ぜひ会長のお考えをうかがいたいのです。

理屈どころか正論であると思います。おっしゃるように個々を見れば、その生きざまは食うか食われるかの戦いも多く、そこだけを見れば矛盾の構造を感じますが、問題はここからです。

生きとし生けるものは、その裏で数のバランスを大切にしているという点です。植物は植物だけでは生きられず、昆虫は昆虫だけでは生きられないことも知っています。数、種類とも多い昆虫は小動物によって食べられてしまう。その小動物は大きな動物によって食べられる。そして、大きな動物になればなるほど数は少ない。そして、その大きな動物が死ぬと土にかえり植物の栄養源になる。その植物を昆虫が食べる。連鎖しています。ぐるりと回転しているわけです。つまり、自然界では生命を奪い合っているのではなく、与え合っているということになる。キミの思考の中で欠けているのは、この与え合っているという部分です。

ところが、人間の生存競争は数少ない者たちを追い込み、犠牲にし、自分たちさえよければいいのだという発想に陥り、勝ち得たものを与え合おうともしない。ただぶんどり合戦を繰り広げるのみです。

その結果、人々のバランスは崩れ、貧富の差、差別、戦争、内戦、大量虐殺、レイプ、幼児虐待…、うんざりする出来事が毎日報道されています。これは人間どうし、共食いをしている状態といってていいでしょうよ。

生きるために最小限の競争を私は否定しません。しかし、競争がいつしか争いに変じていることに多くの人が気がついていません。経済戦争に受験戦争、出世戦争、そして暴力によって家族を従わせる家庭内戦争まで起きている。争えば、最終的にどうなるか。滅びが待っているだけです。争って食物を食べ、争って資源を掘り起こしていけば自然を滅ぼし、やがては自分たちも滅びるしか道はないでしょう。

学問は人間の幸福を約束するものだったはずが、〝学問のススメ〟をやればやるほど自然が消え、子どもたちは妙な事件を起こす。正当な競争ならば、そういうことにはならないけれど、いつしか争いになり、人より勉強し、がんばっているうちに、バスジャックをしたり、人を殺す経験をしてみたくなったりする。しかも正しいとされる競争の中で生きてきた彼らに人を殺しても罪悪感はない。だから彼らから反省の言葉を求めるのはムリです。これが、競争社会の成れの果て、まさに末期的症状だと思いますよ。

我々も、残念ながらいつの間にか競争社会の中に巻き込まれ、共存することは頭ではわかっているけれども、実際は争いごとの中にどっぷりと浸っているようです。

自然というのはじつに多くのことを私たちに教えてくれます。生きることの厳しさ、競争の背後にあるバランス。分け与えるという事、そして調和……。

踏み込んではいけない領域

Q――以前、最新鋭の最高の技術を結集しているはずの原子力発電所の現場で事故が起きました。絶対に安全と言いながら基礎的作業ミスから数十人も被曝し、何万人も避難しなければならない大惨事、あまりにもずさんです。私は次のように考えますが……。①人間が踏み込んではいけない技術の分野があるのではないか。人知や人の力では制御できない自然の力を知るべきではないか。②政府をはじめ、原子力開発にたずさわる機関すべてにその危険性に見合う責任の重さが感じられず、あまりにも無責任。今回のことにかぎらず、いまの社会全体に言えることですが、会長はどのようにお考えになりますか？

あなたの言うとおりです。この世の中、充分すぎるほど便利になっている。これ以上、便利さを求め、安楽になって人間はいったいどうなるのか。私もいまの世の中に不安を感じていますよ。

物事には、原因があり、過程があって、結果が生じるというサイクルがあるよね。この中からもっとも大切な過程が、どんどんおざなりになっている。つまり、努力や工夫といった過程を評価しなくなっているから、こうした事故が起きるんだよな。

おそらく18世紀、19世紀の前半までの科学技術の進歩なら、まだかわいらしいものだったんでしょうけど、いまの科学技術によってつくられている文明社会は、そら恐ろしく感じますよ。漠然とではなくはっきりとした恐怖さえ感じるよね。

不幸、悲惨な境遇にある人々を救う科学技術ならばいいでしょう。あくまでもよい利用の仕方というものだけに限定されるのなら科学や技術は人間にとっては有効な道具だとは思うけどね。

しかし、実際にはいまの科学技術は金儲けのための道具に化け、その結果としてそら恐ろしい結果を生み出しているわけだ。

あのノーベルですらダイナマイトを発明し、それが戦争に悪用されたとき、発明したことを後悔したんじゃないのかな。それで申し訳ないという罪の意識からノーベル賞なんか作ったんでしょう。その反省もないまま、原爆、水爆までつくっちゃう人間ってのは、ホントにイヤになっちゃうよな。

だからあなたの言う人間が踏み込んではいけない科学技術の分野という考え方は、本当に大切なことだと思いますね。

私の場合、電気や機械が好きになれない。そうしたハイテクと言われるような物が、人間を狂わしているような気がしてならないんだ。

人間は新しもの好きだから、企業がどんどん新しい技術を取り入れて売り込む。そこには人間や自然サマに害があろうが、多く売って儲かればいいという発想しかないだろう。結局、人は自分の首を自分で締め、人類は絶滅の道を進むしかない。

私は海にもぐるのが大好きで、いつでも海へ行きたいと思っている。しかし、スキューバーダイビングはやらない。素もぐりです。もぐれる深さなんてタカが知れているけれども、私は機械を背負ってまで自然の領域を侵そうとは思わない。いかに美しい海に魅了されようとも、あなたが言うように踏み込んではいけない領域があると私も思っています。

人間は自然サマによって生かされているという謙虚で当たり前の考え方をもつことが本来の姿じゃないか。決して科学や技術によって生かされているのではないことをみんなが自覚しない限り、人間は本当に救われないと思いますね。

自分で選びとる人生

Q――醜い役所仕事に嫌気がさして、転職を考えています。反体制側の人間を排除する行為や、地元議員による公共工事などの発注に対する横車、管理職になったとたん、守りに入り、退職まで安全に生きていこうとする姿……。まさに〝親方日の丸〟体質です。いま、40歳です。およそ20年間、公共工事の監督として現場に立会い、とび職、木工、鉄筋工など、さまざまな人たちの仕事に対する姿を見てきました。みんないきいきと、一生懸命働いています。役所内の上司の姿とのギャップの大きさに、失望するばかりです。上司や両親、妻に相談すると、猛反対されました。そして、がまんしろ、趣味を持てと言われますが、どうしても民間の仕事をして人生を送りたいと思うのですが……。

いや、こりゃ、でっかい会社に就職しちまったもんだね。大日本株式会社ですか。日本全国約80万人がお勤めになっているのだからすごいやね。しかも、国がバックについているのだから（本当は国民なんだけどね）、もっとも安定した就職口だったんじゃないのかね。君が就職を決めたのも、そこが狙いだったんだろう。

それで20年も勤めて、腐りきった職場からオサラバしたいか。しかし、まわりが反対しているからって悩んでいるわけか。

私自身のことを言おう。私は大学を出た時、ある企業に就職が決まっていた。しかし、苦労して育ててくれた母親の言うことも聞かず、先生や友人に相談することもなく、わが道を歩み始めていた。気がついたら、それが麻雀という道で、いまも歩き続けているよ。もし、俺が企業への就職を選択していたら、いまほどの満足感のある充実した人生はなかったと断言できる。

だからと言って、私のような道を歩けと言ってるんじゃない。私の道は私が選んだものだし、君は君自身で選ぶこと。そこがもっとも大事な点だよ。

この人は、まわりに流される人生を歩いてきているんだね。最初から自分で選んでいない。選ばずにきたツケが、いまになってまわってきているんだよ。あるいは、世の中の常識とか、情報にふりまわされて、安定、安全こそが大事なんだと思い込まされて〝大日本株式会社〟に就職したわけだ。そしていまも自分で選べないわけだろう。相談をするというのは道が自分で決められないからだろう。

この人は本質的なところで考え違いをしているね。市役所がイヤだからと民間企業へ行きたいというけど、企業はもっとドロドロしているんだよ。そこがわかっていない。役所は表面上はきれいにしているじゃないか。だけど企業というのは表も裏も見え見えのドロドロなんだな。この人は隣の芝生がきれいに見えるだけの甘えん坊だね。

要するに、この人は年功序列で出世していくのがイヤになっちゃっただけだよ。管理職になると守りに入ると言っているけど、攻めればいいじゃないか。それで出世できなくても、食えるという安定が保証されているのだから、攻めて攻めて攻めまくれよ。

なぜ、それができない？

弱い者を攻撃して、強い者に服従している役所の体質にウンザリするね。弱い者には「規則です」と言っていながら、金持ちだとか地位のある人には、規則を曲げて融通をきかせてあげるだろう。国民の税金で食っている公務員なら、横暴な権力にぶつかっていったらいいだろうよ。

ところが、この人はそんなことちっとも考えていない。結局、転職しても、隣の芝生ばかりながめるんじゃないの。

結論を言えば、自分の道は自分で選び、切りひらいていくしかないってことだな。

本物の仕事と、ニセ物の仕事

Q――老人ホームで仕事をしています。寝たきりの老人のご飯を食べさせ、オムツをかえ、お風呂に入って洗ってあげるという介助です。クタクタです。休日はただ寝るだけ。でも、自分のやりたかった仕事だし、職場にもとくに不満もありません。ただ腹が立つのは僕らを管轄している行政の奴ら。汚ないもの、見たくないものにはフタをする役人。弱い人間や現場の人間の待遇はどうでもいいと思っている奴らです。人間の終わりを施設で迎えなければいけない老人たちの気持ちを選挙公約に利用するだけならまだしも、汚職の場に使うなど、もってのほか！　自分たちだけいい思いをして懐を肥やす奴らに「福祉」なんて言って欲しくない！　思わず怒りで手紙を出してしまいました。

私の尊敬する人にマザー・テレサさんがいらっしゃる。あなたのお手紙を読み、まずマザー・テレサさんのことを思い出しました。前文に書かれているご苦労、私などには足元にも及ばないほどの働きに、私自身、頭を垂れております。

世間様にはいろいろな職業があります。あなたのような職業こそ本物の仕事です。職業には貴賤はないといいますが、じつはあるのです。

私流に言えば、本物の仕事とニセ物の仕事。あなたに比べれば、私の仕事なんてまだまだニセ物です。ですが、後半のお怒りの部分だけは、肩を並べさせてください。私も同様に感じているのです。

行政の悪徳代官や政治家、権力者の悪行ぶりにはヤクザ屋さんよりも悪を感じる。日本中どこを探したって、本物の政治家がいるもんかいと。どこを切っても権力の奪い合いだけじゃねえかい。

おいらはマザー・テレサさんには頭を下げるが、政治家や大企業のトップなんか認めやしねえよ。どっちにしたって弱いものを食い、人のものを奪ってでっかいツラをさげている奴らばかりじゃねえか。奪ったものを人一倍持っていて恥ずかしいもんだから、私たちはそれだけ努力や工夫を重ね、能力を磨いてきましたと、ほざきやがる。それでもってナニかい。秋の文化勲章だかなんだかもらっちゃって、ほんと冗談じゃねぇって。本当にもらうべきなのは、この手紙のような人なんじゃないかい？

世の中には無知ゆえのミスもあるよ。これは罪だね。しかし、もっと恐ろしいのは知るがゆえの悪行だ。これは悪魔だよ。悪魔ってのは何でも知っていてやってるわけだろう。大学を出て、教育を受けて、本を読んで、理性をもった奴らが官僚になったり、政治家になっているわけだろう。

この悪魔たちはとても知識もあるし、機知に富んで理性もあるはずだ。そのくせ裏にまわれば自己中心的で冷淡、人の心なんかちっとも思っていない。思いやりのカケラもない。そういう人間が官僚や政治家、大企業で出世する奴らや起業家なのだよ。

しかしな、よく考えてみると、いまの世の中１人１人がちっこい政治屋だし、経済人だもんな。そして小役人根性を持っているだろう。いつから政治と経済が善とされてしまったんだ。それをみんなで追い求めているのが、いまの社会だから悪魔が多いのもしょうがないのだろうか。

そんな中であなたは素晴らしいことをされているのです。ぜひこれからも自信を持って本物の仕事を続けてください。

「虚しさ」の根っこ

Q——私は高校を中退して屈辱と無気力を背負って生きてきました。このままではいけないと気を取り直し、大検を取って、現役で大学に合格することができました。将来は、まだ漠然とですが、接客業でのベンチャー企業を作り、日本経済の中に揺るぎない自分の帝国をぶち建てたいという夢があります。そのためにいま3つのバイトをかけ持ちして、夢を実現するためになんでも経験してやろうと頑張っています。夏休みも2か月かけて日本一周の旅に出ました。そして強くなりたい、体を鍛えたいという一心で空手も始めました。とにかくこの1年間というもの、思いつくことはなんでもやってきましたが、私の心には虚しさがあるのです。このやり切れない思いは、いったい、なんなのでしょうか。

君の文章を読んでいると一見、がんばっているように思える。しかし、その裏に、大それた野望とか、金鉱を探そうとする山師的なものを感じるね。何かにとりつかれたような日々を送っているのだからそりゃやり切れないよな。

ベンチャー企業の帝国を作るだと? そんな話をぶつけてくることが、もう的を外しているね。俺には麻雀界に自分の帝国を作ろうなんていう気持ちは、これっぽっちもねえからさ。

あんたはベンチャーで成功したと言われる宝くじを当てたような人たちを手本にして道を進んでいったら、どうなのよ。まぁ、そんな人物もたまたま宝くじに当たったようなもんだから、「ねぇ、だんな。宝くじの当て方教えてくださいよ」ってなもんだろうけどさ。

それは決して男の夢なんていうかっこいいものでも美しいものでもねえと思う。

あんたが書いてきた、がんばったことだけどさ、3つのバイトをかけ持ちして、日本一周の旅に出て、そして空手も習って、がんばっていると。ところが、やり切れない虚しさが残るっていうけど、そりゃ当然だよ。なぜかというと、君がやっていることは、自分が本当にやってみたいことじゃないからさ。ＴＶや雑誌、他人からの情報をうのみにして行動しているにすぎない。つまり、流行だとか情報だとかに振りまわされてきただけだから、何ひとつ、満足、納得できないわけだよ。

それと、君ががんばってやってきたことの根本の動機が不純であるということ。こんな旅をすれば人脈ができる、こうすれば空手が強くなってかっこいい男になれる。バイトのかけ持ちをして金をためれば信用が身に付く。すべてが不純だよ。だから空手をやっても強くならないだろう。不純な動機で行動しても虚しいのは当然だ。

まず自分の道を歩いているようでひとつも我が道を歩いていない自分というものに気づきなさいね。遠くにあるものばかり望んで君は身近にある大切なものを失っているぜ。だからやり切れなく虚しいんだ。

男の子には冒険する気持ちは大切だけど、男の野望なんてのは、裏を返せば欲のかたまり、決してかっこいいものじゃない。屈辱をバネにして帝国を作るなんてヒトラーみたいなこと言わないでくれよ。

それより君が味わった屈辱の正体も、じつはあんた自身の不純さが原因なんだよ。人よりも良くなりたい、という欲が屈辱を生む。だったら、その根本である自分という人間を変えないかぎり虚しい人生を歩むだろうよ。

ま、まだ悩んでいる分、ヒトラーのような狂人的な男にはならないと思うけどね。

「商売」の本質

Q——前回アドバイスしていただきありがとうございました。あの手紙を書いていたとき、僕の心は乱れていました。しかもヘタな文章で誤解をまねく表現もありましたので、再び手紙を書くことにしました。大変図々しいお願いですが、もう一度アドバイスしていただき、自分の人生を見つめ直したいと思うのです。僕が高校を中退したのは人間関係が築けないことから少しノイローゼ気味だったことが原因でした。友達はいたのですが、自分とは合わない話に適当に合わせることが苦痛だったのです。また神経質な面があり、他人の目を気にしてはオドオドして、そのプレッシャーに押しつぶされて自分を見失っていきました。事件も何度かおこしてはクラスの中で孤立し、中退となったのです。その後、荒れた日々を送っていましたが、アルバイトを始めてから自分を取り戻せるようになりました。おもちゃ屋さんの仕事ですが、接客している自分は高校の頃とは違い、輝いていて、自分の居場所をやっと見つけた思いでした。僕は靴屋の家で育ちました。父はダサいと言われようとも流行に惑わされず頑固に飾り気のない健康的な靴を売ってきました。だから足の病気がよくなったと喜んでくださるお客さんもたくさんいたのです。そういう父の姿があったからこそ、いま接客業のアルバイトによって自己確認ができているのだと思うのです。そこでさらに商売についてもっと勉強したいと考え、大検の資格を取得して大学の商学部に入ったのです。が、やはり人間関係がうまくいかず、結局、アルバイトに逃げているというのが現状です。前回の会長の言葉からは商売に対していい印象をお持ちではないような気がしますが、「流行や情報に振りまわされる」ことが悪いことなのでしょうか。私にとっては自分が苦しいときに助けてくれる商売です。それを将来もやっていこうと思いますので、会長の考えをぜひ教えてください。

君の手紙を読んで、10年ほど前にハワイに行ったときのことを思い出した。レストランでの食事に飽き飽きして路地裏の赤ちょうちんがぶらさがっているラーメン屋に入ったときのことだ。若い男が私に声をかけてきた。彼は私の生まれ育った下北沢の中学校の後輩で、ずいぶん年齢が離れていたけれども同郷のよしみで声をかけてきたわけだ。私は下北沢のガキ大将だったから顔はよく知られていたからね。

「家の商売がイヤで、高校を中退して海外へ飛び出したんです。両親には能がなかったからアリのように黙々と働いている姿を見ていて情けなかったし、恥ずかしかった。それで能力主義のアメリカでがんばってアリという昆虫ではなくアニマルになってやろうと思って飛び出したんですが……」

と彼は言ったけど、俺にはアニマルには見えなかったけどね。まるで川のよどみに漂うゴミのような感じだった。

俺は彼の家の商売をよく知っていた。ラーメン屋だ。当時、1杯のラーメン代の相場は200円ぐらいだったが、彼の両親がやっている店では30円。100円あればラーメンとギョウザ、チャーハンまで食わしてくれる店だったよ。だから金のない若い学生さんや肉体労働をしている人たちでいつも混雑していた。

両親は忙しくてしゃべる暇もなく黙々とラーメンづくりを続け、家にたどり着くと疲れ切っちゃって一家団らんなんてなかっただろう。他の店なみにラーメン代を上げれば生活もラクになるし、団らんだって手に入るし、何より世間的にも見映えのよい店に建て替えられもしただろうに……、と子ども心に考えたと思う。でも私は言ったよ。

「お前のご両親様は下北沢一、いや日本一のラーメン屋だったと思うぜ。ラーメンを売って、あれほど弱い立場の人を救い続けた方がどこにいる？　アメリカなんて遠くじゃなく目の前にいたんだよ。商売人のお手本のような人だったじゃないか。お前のご両親さまこそお国から感謝状を受けるべき方なんだよ」

彼もこう答えたよ。

「外国へ出てみて、やっと俺、自分の両親の立派さがよくわかりました」

彼から大きな荷物を預かってそのご両親に届けた。それからしばらくして父上が病に倒れ、その日本一のラーメン屋は残念ながら下北沢からなくなってしまった。

この話の中に君に対する答えがあると思う。頭で考え続けて悩み苦しむより、何かを感じて行動を起こしてほしい。虚勢をはって生きようとせず身近なものから大切にして行動することだ。

ラーメン屋のお父さんは身近なところを見て商売をしていた。遠くを見て商売なんかしていなかったよ。学生さんや貧しい子が身近にいたからね。それを店構えをよくするために、あるいはラクをするために1杯1000円のラーメンを出したら、どうなる？　近ごろはそんな店ばかりだろう。

自分の志がない人間、自分の歩く道を知らない者はつねに不安になる。不安だから情報に頼り、流行にのっかる。

この息子も流行や情報に振りまわされて遠回りし、やっと見つけたのがじつは世俗に流されない立派なご両親さまだった。世間にはブランド屋がたくさんある。ルイ・ヴィトンだの、三越だの大店がたくさんある。ああやって成長して大きくなっていくことをみんなが望むだろう。ラーメン屋だって建物も値段も立派で著名人が来るような店もある。

だけどこのご両親様にはそんなエピソードはない。しかし安いラーメンを黙々と作り続けたことで「真の道」を息子に教えた。本当の教育者、商売人であり、立派な大人だったと思う。

商売に関して「経済の発展」を求めるのならば大学で勉強するのもいい。しかし、商いには学問はいらないよ。経済では大きな金が動くだろうけれども、商いのように人の心は動かせない。

君に親父さんの血が流れているならば、何を迷うことがある、商い魂を持って歩めばいい。たった2度のやり取りだが、君は最初の手紙より、ずっと素直に自分を見つめ、心を開いた。その気持ちを大切にして、あとは自分の足で歩くんだ。

本当に金は大切なのか

Q――会長はお金というものをどうお考えですか。いまの社会の堕落は金儲け主義、欲望主義に1つの理由があると思いますが、つきつめるとお金というものが持っている性質に行きつくように思います。昔、人々は自分でとった食物や作ったモノを他の品物と交換して暮らしを営んでいました。余ったモノは保管しても腐るだけですし、まわりの人たちと分け合った。ところがお金の出現が人々の暮らしを大きく変えた。お金はモノの交換手段として便利です。しかし、腐らないという性質が蓄財という意識を生み、ひいては富の独占という行為に続いていったのではないかと思うのです。お金も自然物と同じように時間とともに消却するものなら、この世はもっとましになるとも思うのですが…。

物々交換の前は、自給自足という時代があったはずだね。次に物々交換、いわゆる流通の時代がくる。その流通機構が整備されてから貨幣の時代がやってくるわけだ。この頃まではよかったんじゃないか。流通の手段としての金であれば、問題はない。ところが、金が目的になっちまった。手段と目的を取り違えた結果、金をくれるなら何でもする。金を得るためには、どんな手段もいとわない。それがいまの金権時代だろうよ。人が上で金が下に位置するのなら問題はないけれども逆転しているだろう。金の権力が人権をおかし、人命まで奪うわけだよ。完全なる金権時代だね。

で、あなたは植物や自然のものと違い金は腐らないとおっしゃる。たしかに腐らない。必要以上に持っていても腐らない。それでも人に分け与えようとしないのは、なぜか？金は腐らないけれども、その金を持っている人間が腐っているからです。「金は大切だ」という言葉は、誰も疑わないよな。少ない金なら大切だと私も思う。しかし、必要以上の金のどこが大切なのか、わからないよ。親兄弟、友達よりも大切なものがあるとは思えないけれども、いまの金権時代では金のために平気で人を裏切り、保険金を受け取るために人を殺めるだろう。

つまり、「お金が大切だ」という価値感を植え付けた連中の思うつぼにはまっているんじゃないのかい。有り余る金を持った連中が、人に分け与えるどころか、その金を守るために、あるいはさらに金を得るために「お金は大切なんだ」と言っただけだろう。だから政治経済の上の地位に就いている人間ほど腐っているんだ。

そうした連中の掛け声で日本は高度成長社会だ、バブルだ、タコだといって頑張った結果、モノは豊かになっているけれども、その分、心が腐ってしまったわけだよ。上も下も全部腐っているじゃないか。警察の犯罪、官僚や政治家の汚職、少年の犯罪……、どこを見ても腐っている。

もっとも悪いことには、人に善を教える宗教に金がかかり、教育に金をかける。人よりもっと幸せになりたいから宗教に取り込まれ、もっと賢く金を稼ぐ人間になってほしいからと子どもに学問をさずけようとする。その結果、ますます腐った人間が出てきているじゃないか。

先に触れた下北沢のラーメン屋さんは金のために身を粉にして働いたわけじゃない。だから立派なんだ。心が腐っていないから30円でラーメンを売り、貧しい学生や食欲おう盛な肉体労働者に喜びを与えてくれたわけだろう。つまり、金は必要な分だけあればいいわけだ。必要以上のものは人に分け与えればいい。その結果残るものは平等だ。貧富の差もなくなるよ。

君も金のために働くような人間にはならないことだよ。

最期を看取るということ

Q――先日、祖母が亡くなりました。由あって母子家庭で育った私を時には厳しく、時には温かく見守ってくれ、生きる上での様々なことを言葉と態度、行動で教えてくれた人でもあります。最期の数日間、後悔だけはしたくないと、病院でできるかぎりの看病をしました。病院は確かに人の病気を治すところかもしれませんが、人の死を看取る場所ではないのではないでしょうか。助かる見込みのない患者であれば自宅で親しい者たちの手で看護し、見守ってあげるのが一番。そう考えるのは、医師や看護婦による検診も人によってはかなり乱暴だったたからです。大勢の患者を見る苦労、私たちには計り知れないこともあるでしょう。死にゆく患者を肉親の私たちと同じように感じ、扱って欲しいとまでは言いません。せめてもう少し血の通った医療、看護をと思うのです。

死は誰にでも必ずやってきます。自分にとってどんなに大切な人で、「死んじゃイヤだ、死なないで」と願ってみても、死は確実に平等に訪れます。愛する人、大切な方の死は誰にとっても悲しく、辛いものです。あなたにとって亡くなられたおばあさまは愛する大切な方だったんですよね。

そのおばあさまが亡くなるということがあなたにとって「イヤなこと」であり、認めたくないことなのです。死の場所が、病院であろうが、ご自宅であろうが、「イヤなこと」には変わりはないのです。

日常の生活ではあなたも「好きなこと」と「イヤなこと」を振り分けて考え、選択されているだろうと思います。結婚という結びつきにしてもあなたはイヤな人と結婚しませんよね。そして、だんなさんや子どもがイヤだなと思うことをやったり、言ったりしたら、あなたは必死になって抵抗したり、怒ったりして、イヤだと思うことを許さないはずです。

そうやって人は、心の中に起きる「イヤだ」と思えることを避けて通ったり、修正してゆくのですが、死だけは最大にイヤなことでありながら、避けることも修正もできないのです。おばあさまの死はあなたにとって修正のできない「イヤなこと」なのです。だから医師や看護婦の態度が必要以上にイヤなものとして見えたし、許せない気持ちにもなったのでしょう。

病院は私も大嫌いです。それ以前に体の具合が良くない状態もイヤです。体がイヤな具合にならなければ人は病院へ行くことはありません。しかし、人はやはり誰にでも体の具合が悪くなるということが起きるのです。イヤだと思っても、起きます。

なぜでしょう。

私は、何かを教えてくれているような気がします。一歩間違うと傲慢になりかねない人間に対して牙のように鋭く、何かを教えてくれているような気がするのです。

体にイヤなことが起き、イヤだけれど病院へ行き、それがどうにか治って帰って来る。そうすれば傲慢な人でも病院に対して感謝の気持ちも起き、医師や看護婦さんにもありがたさも感じます。しかし、人の死はイヤなことの結末ですから、イヤだ、許せないという気持ちが消えないのかもしれませんね。

選挙に金がかかるように医師になるためにも相当な時間と金がかかります。そういう点で、医師たちが倫理観や心情の面で欠如している部分もあるのも事実です。私の知るかぎりでもイヤな医者だなと思われる奴はたくさんいますね。

じつは私も最愛の母を亡くしましたが、母親が亡くなるまでいろいろな人間関係のイヤな面を見ましたし、感じもしました。それが病院や医療の問題であったり、坊主や葬式のあり方であったり、身内の人間の心であったりもします。ですが、そんなことをいまさら責めてみても、どうしようもないことです。なぜならそうした悪い状況をつくり上げているのは、結局、私たち自身なのですから。

私は母親に対して「ありがとう」という感謝の気持ちと、「ごめんなさい」という謝りの言葉しか心には浮かびませんでした。

おばあさまの死は哀しく、辛く、イヤなことでしょうが、おばあさまに「ありがとう」という感謝と、あなた自身も思うようにできなかったことに「ごめんなさい」と謝辞を述べることで十分ではないでしょうか。

病院、医療の仕組み、医師の資質、看護婦さんのストレス…、医療は問題だらけです。しかし、いまあなたにとって大事なのはあなたが、そこに踏みとどまることではなく、感謝の気持ちで前へ進むことだと私は思いますよ。

生きがいはどこに宿るのか

Q――24歳という若さで結婚し、子どもも1人生まれました。この頃、ふと思うのです。このまま一生家庭を守り、仕事を続け、なんの変哲もない暮らしが、この先、何十年も続くのだろうかと……。というのも、職場での上司とのあつれきもあり、他の人間関係もよくありません。仕事自体にも行き詰まりを感じているのです。できれば職を変えたいと思うのですが、この不況です。家庭もあるし、身動きがとれません。若い頃、役者を目指していた自分がウソのようです。結婚するときには仕事につくのが条件だったので役者の道はあきらめたのです。いまの自分は昔に比べると目標もなく、生きている実感をいまひとつ持てません。家庭の安定と自分の生きがい。どちらを優先すべきか、悩んでいます。

あんた、自分を失っているよ。自分でも自分が何がなんだかわからなくなっちゃっているんだろう。まして奥さんや職場の人たちからも、「あの人、何を考えてるのか、さっぱりわからない」と思われているね。

自分の足が地に着かず、フラフラしちゃってさあ、困ったもんだよ。あんたって、いわゆる普通の人に多く存在するイヤなタイプの男じゃないか。自分の道をすべて自分で選んできたくせに、かんばしい結果がでないと人のせいにしているだけだろう。

己の能力がないことを認めたがらない奴だね、あんた。若い頃、芝居を選んだんだろう。だけど惚《ほ》れた女ができて、芝居を捨て女をとった。自分で選んだわけだよ。そして、芝居は食えないから、仕事を選んだ。みんな自分で自分の道を選んできたんじゃないのか。

しかも、自分で選んだ道に対して熱も愛もそそがずに、抜け道ばかり考えている。さらに悪いのは、あんたはうまくいくことだけを〝生きがい〟だと思ってることだ。

生きがいなんて、成功する、しないの問題じゃないだろう。貧乏だとか、障害があるという状態でも、それに楽しみを感じ、愛する心を持つこと。精いっぱいやった上での小さな歓び。そういうことじゃないのかい。

こいつは欲求不満のかたまりだね。自分に役者としての才能もないくせに、もっと生きがいをくれと叫んでいるだけだろう。結婚して惚れた女と暮らしているのに、そこに満足できず、不満ばかりだろう。結婚のために自分の生きがいを捨てたという本当にイヤな奴だよ、あんたは。あげくのはて「何の変哲もない暮らし」と自嘲《じちょう》ぎみに言う。誰が「変哲のない暮らし」をあんたに強要しているんだい？　家族か？　会社か？　世の中か？　誰が強要しているんだよ。平凡なるあんた自身が、そうしているんじゃないのかい。

貧乏だっておもしろく、おかしく生きられるよ。サラリーマンで、家庭を持っていたって変哲のある生活ができるんじゃないのか。

あんたの場合、変哲なんて言葉で表現するのももったいないね。ただの中途半端な男だ。

つまり、家庭をもち、親父でありながら親父になりきっていない中途半端さ。会社の中でも同じだよ。上司でありながら上司になりきっていない半端な男なんだよ。要するに、生活や周りの環境の問題じゃない。自分を変えることが先決だよ。

自分を変えてみろ。そうすれば家庭も仕事も職場での人間関係も動きが出てきて流れ始めるよ。それが変化だろう。あんたのいう変哲だ。

これまで何もやらなかったのも、あんただろう。何もやらなかったから何もできなかっただけの話なんだから、まずはいまある環境の中で自分から行動を起こせってことだな。

第5章

瞬間は愛なり

「愛」に近づくということ

自分のことしか考えていない奴のことを〝自己チュー〟というだろう。でも本当は、自分のことを考えているんじゃなくて、逆に自分のことを見つめていない、自分のことを知らないんだよ。

ストーカーといわれる行為を考えてみればいい。愛されるためには愛されるための自分の生きざまが必要なはずだろう。ところがこいつはこう考える。

「どうして愛してくれないんだ」

自分のことしか考えていない言葉に聞こえるかもしれないがそうじゃないね。まったく逆だ。自分のことをまったく考えていない。己を見つめて、自分というものを自分の中で「整理」すること。それこそが生きていく上でもっとも大事なはずなのに、何もわかっていないんだよ。

誰のこころにも欲望はある。しかしその欲望に依存してしまった人間はいつまでたっても欲望をかなえられない。自分の欲望に対してすなおになることで得られる満足感というものもあるだろうが、依存してしまっては、きりがない。「愛におぼれる」ことが究極の愛のようにとらえる風潮もあるようだが、これのどこが愛なんだよ。それこそ自己チューじゃねえか。

わりとみなさん「愛」という言葉を簡単に使うけど、私は愛が大事だなんて言ったことがない。だいたい女のコに向かって愛だ、愛だなんてしゃらくせえしな。

愛を求めて、こいつを前面に押し出すような奴はだいたい失敗するね。この言葉の本質をまったくつかんでいないからだ。「愛をくれ」「愛をくれ」とどこかに落ちていないか探したって、どこにも落ちていない。愛はどこか自分の外側にあるものではなく、自分の内面、心の中にあるものなんだ。それがわかっていないから、親御さんに、学校に、男に、女に、くれくれくれくれくれ。自分の中にないから他人に求めるだけ。こういう奴がストーカーになるのは、当然ともいえる。

自分を見つめて、自分の仕組みを考えてこそ、相手のことが見えてくるはずなのにな。

この「愛」を車輪として考えてみるとわかりやすい。ある部分を作っているのは思いやり、ある部分は厳しさ、またある部分は包容力。愛という車輪を作っているそうした要素がいくつもある。人によってある部分が突出していたり、足りなかったり、欠けているが、ひとつのことばかり考えている奴のいびつな車輪がきちんとまわらないのは明らかだろう。金もうけができればいい、出世さえすればいいと考えているだけでは、その車輪はどうなる？

ましてや、子どもが生まれれば、そのガタガタの車輪の親の車に乗って育てられるんだから恐いもんだよな。

逆に、車輪そのものは決して大きくはないけれど、きれいな円を描いている人に出会うこともある。車輪をまわすには思いやりも、厳しさも、包容力も、やさしさも必要なんだ。「愛」というのは、その中で、相手が欲しいもの、相手にとって必要なものが何かということに気が付いて、与えられることだ。それは、ある時は「やさしさ」かもしれないし、あるときは「厳しさ」が必要なのかもしれない。その時々で赤でも、黒でも、緑でも、茶色でも、一番ふさわしい色を使えばいい。

どの色がふさわしいかということに気付くかどうかだから、当然、状況判断力につながってくるし、お勉強や情報とは違う「直観」が問われることになる。

俺が見るところ、ひとが「愛」だと思っている、感じているもののたいていは「行為」だな。「愛」は内側にあって、目に見えない。他人の目に触れてしまったら「愛」じゃない。「愛」というのは「陰徳」なんだ。

若い子に麻雀を教えるときに「見えないものを見ろ」と私が言うのも、見えないものにこそ真理があるからだ。見えるものというのは、たいてい自分の外側にあらわれるひとつの形にすぎないし、それは様々あるから、そこだけ取り上げて、たとえば「愛」ときめつけることはできないと思っている。

＊

「雀鬼会」では、普通40分以上は最低かかる麻雀を20分で打たせている。「瞬間」で打つことによって、「直観」「感性」「勘」を磨くためだが、そうすると、明らかに自分が出てくる。「瞬間」で打つことによって、自分のいい部分だけではなく、普段の生きざまであれば隠し通せてしまうような悪い部分が、精神的にも肉体的にもはっきりと出てくる。それこそが自分を知るということだ。逆に言えば自分を知れば知るほど、この「直観力」は強くなるわけだ。

知識や情報を総動員しても、時間をかけて遠くから眺めていては本質には近づけない。「愛」を近づけるにも「瞬間」というスピードが必要なんだ。スピードをつけると、身近に見ることができる。５００メートル離れていたら見えないものが、スピードをつけて近づくことで見えるようになる。

たとえば彼女と歩いているときに、数人の男が1人の男を寄ってたかって殴っている場面に出くわしたとする。それを見た瞬間に「助けなきゃ」と思ったなら、即、行動に移す。

最初の判断の次にくる迷いや、理屈や、計算という二次情報の中に浸かっていたら、「愛」に近づくことなんて永久にできないよ。

＊

愛は普遍、友情は普遍なんて言葉を聞くとゾッとするんだよ。過去から未来まで永久に変わらないものなんてあるわけがない。愛しているといったって、愛し方は変わってるはずなんだよ。

そうじゃなくて、私は「今」という言葉を使う。「お前、今いいよ」「お前、今えらいね」みんな自分が現在やっていることが未来につながるだろうと思っているし、過去にやってきたことは当然、現在につながっていると思っているだろう。

でも私は、あまり過去にこだわっていない。未来があてにならないのはもちろん、過去に自分が通ってきた道だって本当はあてにならない。過去に自分ががんばってやったことだとしても、現実は過去に頼れないことを知っているから、だからこそ過去に必死にがんばった、やったと言いながらもいざその現実に突入する瞬間にプレッシャーとか緊張とかが生まれてくるんだ。

そんな過去に囚われてしまうと、結局現在がむちゃくちゃになってしまう。いま現在のことだけが確実、なんでもできるんだ。別の言い方をすると現在は真ん中。過去は右か左、未来も右か左。現実を直視している現在だけが曲がっていないということになる。今いっしょうけんめい、今喜んでいる、今感謝している、今がんばっている。今こそが大事なんだ。

溺れる愛と深まる愛

Q――ものすごく好きな女の子がいまして…。半年ほど前まで食事やデートをしたり、彼女も好意を持ってくれていた時期があるんです。彼女にほかにつき合っている男がいることも知っていました。ただ、彼女が言うには、その男との関係が冷えきっていて、彼女も迷っていた時期でした。それにもかかわらず彼女に積極的にアプローチしていかなかったんです。彼女が留守電に入れてくれているのに僕は仕事で忙しくて返事もせず、１カ月ぐらい会えない時期が続いたのです。久しぶりに電話をしたところ、「もう会えない」と言われ、いままでは電話しても、家族ぐるみで居留守を使われています。友人に相談すると「その女はあきらめて、ほかの女に気持ちを移したほうが健康的だ」と言われるんですが…。このままでは誰ともつき合えず、結婚もできないのではないかとまで思い詰めています。

君の恋の形を観察するならば、彼女が前の彼氏との関係が冷えきっていて寂しいときに、君との触れ合いがあったわけだな。

弱っている時、人はワラにもすがりたい気持ちになる。悪いけれども、その子にとって君はワラだったんだと思う。

決して好かれていたわけじゃない。寂しかっただけ。誰でもいいから、慰めとしてそばに人が居て欲しい時期だったんだよ。

そんな時、たまたまワラが流れてきた。溺れそうになっているからつかんでみたけど、ワラでは助からないとはっきりわかったんだと思うね。そして、冷静になってしっかりとした流木を見つけ、そっちへ行ってしまったわけだよ。その流木は、新しい男性かもしれないし、寂しさを忘れさせてくれる趣味や勉強だったのかもしれない。

もし君が、せめてすがることのできる流木だったら、その子も救われただろうし、恋もうまくいったはずだけど、くどいようだけども、君はワラなんだよ。

なぜ、ワラなのか、わかる？　手をさしのべて、助けてくれと言ってる人がいるのに君は仕事に逃げた。仕事って、そんなに大切なものかい。誰がそんなことを言ったの。資本家や支配者が、自分たちの儲けのために仕事が大事だと言ってるだけじゃねえのかい。そして、そうした世間に合わせて生きているあんたは、溺れかけている子と仕事をはかりにかけて仕事をとったのだから〝人知らず〟だったんだよ。

いいかい。人を何よりも大切にしない者は、人から大切に思われないのは当然のことではないのかい。

仕事が恋人？　ふざけるなよ。俺はね、人間が仕事の下になるなんて絶対に許せないんだよ。そう思っているあんたは、一生ワラだよ。ワラ人形だね。これからだってあんたにしがみつくような女はいないよ。考え方を改めないかぎりは。

こういう人間は、彼女がどうのこうのという以前に、すべての人を大切にすることから始めることだね。

おじいちゃん、おばあちゃんが困っていたら手をさしのべる。この当たり前のことをやり続けるんだよ。

そうすれば人間関係という大海原でも自由に泳げる強い男になれるよ。そうなれば、溺れている人を自信を持って救い出すこともできるはずだ。相手も君にしがみついて離さない。それでも共に溺れることなく生きていけるようになるはずだな。

自分のどこを買うか

Q――容姿に自信がありません。恥ずかしいのですが、背も低いし、太っています。バラエティ番組でカップルの女性が覆面をかぶった数名の男性の中から何人かを選び、キスをするというゲームがあるのですが、その男たちの中には明らかに見た目のよくないハズレの男が何人かいて、女のコがものすごい拒絶反応を示すというシーンがあります。先日、友人に嫌われ役の男によく似ていると言われ、さすがにショックでした。同じ人間として生まれながら、どうしてこんなに差があるのかなと、テレビドラマの主役を演じているような男優を見ながら考えてしまいます。ただ女のコとつき合ってみたいとは思うのですが、気持ち悪く思われているんじゃないかと不安で話しかけることができないのです。こんな僕でも自信を持って生きるにはどうしたらいいのでしょうか?

テレビの影響を受けて考え込み、落ち込んじゃっているのかい。お気の毒にね。

バラエティだか、なんだか知らないけれど、テレビというのは、正しいこと、まっとうなことを伝えているのかい？　そこがもっとも大事なところだ。

いま、タレ流されているテレビはまっとうな感覚を捨てちまった悪人どもが作っていると断言するよ。報道番組であれ、ドラマであれ、ばかったれのプロデューサーやディレクターが作り、ばかったれのくだらない奴らが出演しているものばかりじゃないか。

俺なんかテレビを見ると腹が立って仕方がねえよ。ちったぁ、ましな番組を作れっていうんだ。

君は女性に拒絶反応をおこされた嫌われ役の男に似ていると言われたんだろう。そんなことで悩むんじゃない。作られたカッコよさと比較して勝てるはずがねえじゃないか。見せかけで作られたものはすべてカッコいいに決まってるだろう。だからお前のほうからテレビを拒絶してやれよ。

いいかい、よく考えろ。テレビを作っている連中は、人間が他人の弱みや悪の面を見たがるという心理を突いてくる。それで視聴率ってものを稼ぐわけだ。そして、見る側も最初はその悪の部分を他人事のように思っていたのに、そんなものばかり見せられているうちに自分もいつしかその映像の中に引き込まれ、飲み込まれてしまう。マスコミという巨大な化け物には、そうしたどうしようもない体質があるんだよ。

だから君はすぐにテレビのスイッチを切り、自分に戻りなさい。そして自分の中にあるいいところを見つめることだ。君の場合、テレビの悪影響を受けすぎて、つくられた人間の良いところばかりを見て、自分の良さを見ていないじゃないか。

私の写真集の撮影を担当してくれた北村くんは背も高くないし、デブだし、顔だって決して美しいもんじゃない（ごめん）。でも彼の撮る写真を見てみろよ。堂々たるものだ。天から授かった姿かたちではなく自分の力で勝ちとった人間としてのカッコよさ。カメラの腕ひとつから得た自信が彼の生きざまを堂々とさせているわけだよ。

姿かたちに優劣はない。あるとすれば、その人自身の輝きの度合いだ。つまり、一つのことが輝いていれば、どんな姿かたちでも美しく、カッコよく見えるものなんだ。だからこそ心を磨け。ひとつの分野を自分の力で磨き上げていきなさい。そうすれば北村カメラマンのようにアクのある風貌がそのまま輝き始めるんだよ。

テレビを見るなとは言わない。しかし、一つひとつ拒否する気持ちを忘れるな。いかに客観的に見ているつもりでもいつの間にか引き込まれるのがテレビだから、拒絶しながら見る。それが君のように影響を受けやすい人間のテレビの見方だろうよ。

嫉妬の根底にあるもの

Ｑ――彼女に「もうぁんたのヤキモチにつき合っていられない。別れよう」と言われました。たしかに私は毎晩のように彼女に電話して家にいるかどうか確認できないと気がすまないのです。どっかで他の男と遊んでいるんじゃないかと気が気でならず、彼女が戻って電話に出ると、つい口調が荒くなって責めたりしたこともありました。「私はあなたの人形じゃない」と言う気持ちは頭では私も理解できます。でも、どうしてもダメなんです。彼女の１日の動きをすべて把握し、自分以外の男の影をすべて消し去りたいという思いが強くて……。やはり、ちょっと病的なんでしょうか。

この子は、私から見るとすごく意気地なしで弱虫だね。なぜ意気地なしの弱虫になるのか、その根源には不安という得体のしれないものがあるんだ。

人は多かれ少なかれ不安をかかえています。しかし、不安を強く感じる人の特徴は、極端な安定願望をもっていることですよ。

君もそうだろう。楽しいはずの恋ですら不安材料になってしまっているんだろう。安定した恋なんか、あるわけがないのにね。

極端にいえば、こういう人間は生きていること自体が不安なんだよ。そして、病的になればなるほど、その強い不安感を究極的に解消するために死を選択せざるをえなくなる。自殺だよ。

ただし、多くの不安は無知からくるものだということを知っておくことだね。たとえば、真っ暗闇の中で階段を下りることはできないよ。恐くて前へ進むことはできない。でも、それがたった20センチの階段だとわかっていれば暗闇のなかでも下りていけるよね。だけど、わからないと、一歩先はもう奈落《ならく》の底にも思えてくるわけだ。

つまり、女性とか恋愛についてきちんと理解してさえいれば、極度の不安に悩むこともなくなるということだ。

じゃあ、どう理解するのか？　女の気持ちってのはわからんものだ、ということがわかればいいわけだ。わからなくて当たり前だと思っていればラクになる。それを君は彼女のすべてを知りたい、完全に知りたいと考える。だからより不安は強くなる。君はその病気にかかっている。おそらく彼女を愛しているからこそ嫉妬心が湧いてくると思っているのじゃないかい。「愛していないのなら俺はこれほど君のことを心配しないよ」と、君は言っているんじゃないのかい。

違うね。すべては自分の不安が引き起こす言動にすぎない。自分の不安を解消するために心配するふりをしながら、彼女に依存しているだけの話だよ。愛なんかじゃ、決してない。そこを自覚しなさい。

つまり、自分のかかえている不安や依存心を愛情というものになすりつけているにすぎないんだよ。君に不足しているのは自立心だよ。誰かに、何かに依存していない自分で歩むこと。ふだんの生活や心構えの中から自分の不安や依存を少なくしていくことから始めなければ、しっかりとした恋愛関係や人間関係は結べない。やり直しだよ。自分というものをしっかりとやり直してみることだね。

瞬時に判断する力を養う

Q――先日、彼女と歩いていたとき、若い2人連れが、25〜26歳のサラリーマン風の男を一方的に殴る蹴るのケンカ。まわりには私たちだけで、彼女は「助けてあげて」と言うし、僕も腕力に自信がないわけでもなかったので一度は助ける気になったのです。しかし、ふとケンカの仲裁に入り、あきらかに悪いほうを殴ったら運悪く死んだという事件がよぎりました。すぐに彼女の手を引き現場を離れました。言い訳ではないのですが、2人相手でも99％勝てました。恐怖心は小指の先ほどもありませんでした。ただ万が一のことを考えると……。あれから彼女からプッツリ連絡なし。たぶんこれからも横で人が殺されそうでも逃げるでしょう。道徳的には、どうかと思いますが、相手をもしも死なせたら、絶対、前科者になるのですから。いまも正しい判断だと思っています。

ずるい子だね、コイツは。男の風上にもおけないヤツだよ。いわゆるアメリカナイズされた合理主義にどっぷりつかった人間だね。じつに計算高い、打算的な男だ。

私は情報を第1次と第2次の二つに分けて考えている。第1次情報というのはひらめきやカンだね。それによって瞬間的に判断する。第2次情報とは理屈や理論だ。

なぜ、第1次情報を大事にするかといえば、一瞬のうちに判断したら弱いほうを助けるために、強そうなほうに向かっていくだろう。それを「瞬間は愛なり」という言葉で表現しているんだけど、物事を瞬間でとらえることが、愛なんだ。

愛というのは、ことさら優しさとか思いやりなんて理屈で考えるものじゃない。瞬間に判断していること、それが愛だろう。見た瞬間、かわいいとか、美しいとか、素晴らしいと思うだろう。あるいは、かわいそうだ、辛そうだ、痛そうだと判断したら、即、行動する。そこに愛がある。その気持ち、一瞬の判断を大切にしろってことだ。

ところが、コイツにはぜんぜん愛を感じられない。なぜなら、第2次情報だけでしか判断できない男だからだよ。

「相手をもし死なせたら、絶対、前科者になるのですから」と言ってるけど、それが2次情報なんだよ。自分が前科者になることが、恐いわけだ。先を考え過ぎている。先を考えるっていうのは、お前ね、臆病者なんだよ。

相手を傷つけたくないなら、殴られるだけでもいいじゃないか。

「あんた、痛いよね、1人じゃ。俺も殴られてやるから、痛いのは半分ずつにしよう」と言えば、相手は不気味に思うよ。それで引き下がるかもしれない。

要するにお前は危険な場面、トラブルにものすごく弱い人間なんだよ。そこを自覚しろ。安全、安定ばかり考えているだろう。安全な道なんか、どこにもないのに頭をこねくり回して探そうとしているだけだよ。

恋愛だって安全じゃない。むしろ恋愛するってことは、不安定な道を選択して進むってことだろう。現実にお前は、「助けてあげて」という彼女の言葉にすら応えられない。彼女が見限って当然だ。

君に必要なのは、「瞬間は愛なり」という言葉をかみしめること。そして、瞬間に判断して行動する。そのあとに来る理屈や計算は、しょせん言い訳だと気づくことだ。

結婚はいいか、悪いか

Q――人間はどうしても結婚しなければいけないのでしょうか？　女性嫌いではないのですが、結婚したらいまの自由は失われてしまいます。僕はいま1人暮らしで、帰宅時間をうるさくいわれることもなく、自分で稼いだ金も、好きなだけ自由に使えます。誰に気がねすることなくハネをのばせる自由を考えた時、この時間、空間がものすごく貴重なものに感じてしまうのです。「寂しく感じないか？」とか「いまはいいけど、老後はどうするんだ」とか、いろいろ言われるのですが、1人が気ままでいいなと考えてしまいます。

人は確実に1人で生まれ、そして1人で死んでゆく。私が生まれたときにも誰かにつき合ってもらって生まれてきたわけじゃないし、死ぬときも同じだろう。だからといって決してひとりぽっちのはずがない。

なぜなら両親や先に生まれた兄たちに見守られて生まれたのだろうし、いろんな人たちに見守られてこの世を去っていくのだろうと思う。

誕生と死。そのあいだにある生きているときも、人は同じ道をたどる。

さて、君のいう独身主義にとやかく言うつもりはありませんが、君の1人だと自由だという考えはどうだろうか。1人で生きていきたいと言っているわりには世間を捨てて山奥に1人で暮らしているわけじゃない。会社という集合体に身を置いている。

おそらく君は会社の中でも自分の給料分ぐらいの仕事はしているのだろうね。でも、その君の給料をつくりだすために2人分、3人分働いている人はいないだろうか?

男の仕事ってのは、2人前、3人前やってナンボだと私は思っている。そして、自分が働いて稼いだ金を一人前さえ働くことのできない方々のために分けてさしあげる。それが真の男の仕事だと信じているよ。

たとえば、君の部署に5人いる。やっぱり能のない奴、勇気のない奴、力のない奴がいるかもしれない。そういう連中の給料も誰かが働いて稼ぎだした分で分配しているのじゃないのかい。

ところが、いまの経済の仕組みは、3人前働いたら全部自分のものにしてよろしいというんだろう。だから頑張れ、出世もさせるし、ボーナスも出すからと教える。みみっちいし、せこいっていうんだよ。

アメリカ大陸のインディアンさんたちは、部族の中の強者、勇者が森に出かけて狩りをした。そこで得た獲物はまず部族の中で、体を病んだ人に与えた上で、年老いた人や子どもに回し、残ったものを男たちや働ける者たちが食べたという。だからこそ勇者と崇められるわけだろう。

私も人並みに女房と4人の子ども、そしてちっこい会社をやっています。社員、その家族もいるから先頭を切って走り回っていますよ。そのほうが楽しいしね。

経済のシステムなんかクソ食らえだ。君がこの先1人で暮らしたいのなら、それでもいいだろうが、俺は、他人以上のものを分捕るというものではなく、何人力かを出して他人の足らないところを補ってやろうというのが、男の道であると信じているよ。

そう思えば、結婚して女房、子どものために生きることも平然とこなせるはずだ。君が独身でいることはかまわない。しかし、丈夫な体を持っていて一人前の仕事しかしない奴は、やっぱり男じゃないと言っておくよ。

「冷たさ」の裏

Q――これまでも何人かの女の子とつき合ってきましたが、ドラマによくあるような熱烈な恋を1度も経験していません。相手からはよく「冷たい人」と言われます。むしろ、本当に思いつめるほど人を好きになってみたいと思っているんです。でも、つき合っているうちに、相手のいろんな部分を見てしまうと、冷めてしまうのも事実です。私は、やっぱり冷たい人間なのでしょうか。それとも心の中に何か原因があるのでしょうか。あるいは、たんに本気で好きになれる女性と出会えていないだけなのでしょうか……。

君は経済学部計算学科卒業じゃないのかい？　計算が得意なんだろうな。

なぜ、こんなことを言うかわかるかい。君は、相手の女性から「冷たい人」と言われるんだろう。これは本来、別れるときの言葉だよ。だけど、君の場合、つき合っているときに、「冷たい男」だと言われているのだから、きっと心の中に原因があるんだと思うね。

おそらく、子どもの頃から計算ばかりしていたんじゃないかな。親御さんが、無意識か意識的にかわからないが、そのように育てたのかもしれない。

友達には優しくね、と言いながら、あの子とは遊んではいけないとかね。あの子は成績がいいからつき合っておくと、後々得をするとか。そうやって必要な友達と必要じゃない友達をいつも選別しちゃうわけだ。

人を選ぶという行為には冷たさを感じるよね。冷酷な計算がなければ人を選べないよ。合理的に考えなければならないし、合理的にするためには管理が必要になる。どこにもぬくもりや情の入る余地がないよ。

計算しちゃいけないって言っているわけじゃないんだよ。この人みたいに計算ばかりで生きているのはよくないと言っているだけ。少なくとも心まで計算するなと。

このままなら君の結婚は、打算的になるよ。最初は好みのタイプの女だなと思っていても、「親父さん、仕事は何をしているの？　兄弟姉妹は？」って君は質問するだろう。お金持ちのお嬢さんなら、すぐにオッケー。だけど、「兄がいます」と彼女が言った瞬間に君の計算機が動きだすんだよ。で、財産は兄貴にもっていかれちゃうのかな、と考え始めるだろう。ここでもう恋愛感情はサーッと冷めていくわけだよ。

計算高い人間の悪いところは、人間関係を引き算で考えていくクセがあるってことだね。最初は燃え上がるけれども、引き算をやっていくうちにゼロになり、やがてマイナスになって相手の悪い所ばかりが目についてしまう。

燃え上がるっていうのは、アバタもエクボに見えるくらいだから、足し算だろう。足し算ばっかりでもダメだけど、恋愛だけじゃなく、すべての人間関係ってのは足したり、引いたり、その加減なんだよ。

この子、頭はちょっと飛んでいるけど、そこがかわいいんだな、とふつうは思うんだよ。引いて足しているわけだろう。だけど君のように「冷たい」と言われる男は、飛んでいるところだけしか見ようとしない。するとただのバカじゃねえのか、と思うだろうよ。

恋愛には定義なんかない。ドラマのように熱い恋愛ばかりじゃないよ。しかし、少なくとも君が「思いつめるほど好きになりたい」と言うのなら、相手を足し算で見てやることだね。それで君の場合は、良い加減になるはずなんだ。

「愛」の損得計算

Ｑ――彼女と別れました。１年半ほどのつき合いで結婚も考えていたのですが、先日、僕の親友から聞かされた話があまりにもショックで……。つき合い出したころ、その親友と彼女と3人で飲んだんです。全然知りませんでした。その後、彼女と親友が深い関係になっていたなんて……。半年ぐらいつき合っていたらしく、その間、彼女は二股状態だったわけで、結局、親友のほうから別れたそうなのですが、彼女の部屋に交互に泊まっていた事などを考えると、どうしても平静な気持ちでいられず…。過去の話だからと、割り切ろうと努力しました。でも、ダメなんです。いまは彼女とも親友とも会っていません。

この子も麻雀をやらせたら自分本位な打ち方をするだろうね。それはさておき、何も問題がなくスムーズに進む恋なんて見たことがない。むしろ恋とは2人で問題をクリアしていくことだとさえ思える。

俺もたくさん問題があったけれども、女房と恋をして結ばれた。結婚したら問題がすべてクリアされたわけではなく、いまも年がら年中多種多様な問題が起きる。家には埃《ほこり》やゴミが生まれ、人の体には垢や汚れが溜まるように、人の心、人間関係にも、汚れが生じてくるものだ。それを常に洗濯したり掃除していくのが、人間の生活、生き方ってもんじゃないかい。

君も親友も彼女を中心に恋をした。同じ価値観を持った親友だからこそ1人の女性に惚れた。おそらく彼もできれば一生内緒にしておきたかったんじゃないのかい。それを親友だからこそ覚悟して隠し事はできないと悩んだ末に告白したのだから、その勇気をまず感じ取ってあげなきゃいけない。

そして、逆の立場、君が中心で恋が生まれたとしたらどう考えるんだい。相手が親友同士の女の子。２人ともいい子、かわいい、好きだなと思いつつ恋が始まる。１年たって一方の女の子に比重が傾き、結婚を考える。君が中心の恋ならば、なんにも問題を感じることもなくそうするだろうよ。ってことは、彼女中心の恋だから問題だと君は騒いでいるだけじゃないのかい。

さらに男どうしが最初からわかったうえで彼女を競い合い、最終的に彼女が君を選んだとしたら、君は大勝利だといって喜ぶのじゃないのかい。

恋なんてものは立場、状況が変われば、これだけの違いになるってことがわかるだろう。だから少しは本気で相手の立場になって物事を解決したらどうなんだい。

もったいないよな。君は何かひとつダメな事があると、すべてダメにしちゃうんだ。ダメなところを修正し、なんとか続けていこうという発想はないものだろうか。俺なら事実を知ったら逆に彼女に優しくなると思うよ。だって彼女も友達も、一緒に悩み苦しんだんだろうからさ。

自分の苦しみだけ考えるから、相手を憎んだり恨んだりする。想像力を使い、相手を思いやる温かさが君にあれば、いまの君の苦しみは半減するだろうし、彼女や友人と、次のより深い人間関係が築けたかも知れない。きっとそこから得るものは沢山あったはずだ。

自分の感情や利益だけを大切にすればするほど自分が損をするという真理に気づいて下さいね。逆に相手を思いやる事が自分を助ける事になる真理も。

それにしても、つくづく、あぁもったいないねぇ……。

「いい女」と「悪い女」の違い

Q——先日、友達と2人で興味半分に手相を見てもらったのですが、易者さんが言うには、「君は女性を見る目がない。悪い女性にばかりひっかかる相が出ているから、結婚しようと思うときは、親や兄弟、友達の意見を聞いてからにしなさい。できればお見合いのほうがいい」と言われました。たしかに、これまでつき合った何人かの女性の中には、他の男がいたことが後になってわかったりもしました。でも、僕自身は、その子が悪い女だと思ったことがないし、いまも思っていないのです。ただ、あらためて「女運が悪い」と言われると、〃いい女〟と〝悪い女〟、どう見極めるのか、その違いは何なのか、自分でもわからなくなります。会長がこの女性はいいな、と思うポイントはどこですか。

人の不安につけ込んで、相手の気持ちをコントロールするというのは、昔からある方法ですよ。新興宗教のいかがわしい教祖しかり、なんとかセミナーのやり方もしかり。君が見てもらった占いにしてもそうだろうね。

いまだにそんな輩の術中にはまる若い人が多いのはどうしたわけですかね。どうやら君もその1人らしいが、結局、ふだんの生活の中で、自分でものを考え、分析し、判断するという訓練が足りないせいだと思う。だから、ちょっとした他人の言葉に動揺したり、不安になったり。何か言われるとすぐ信じ込んでしまう。

そういう人の心の奥には〝依存〟という心理がある。周りの価値観や意見に身をゆだね、何かコトが起こったら、すぐ人の判断に頼ってしまう。悪徳セミナーや新興宗教のワナにはまるのも、この〝依存〟が原因だ。

いい女、悪い女がどんなものかを言う前に、そんな君が選ぶ女は、だから〝依存できる女〟ということになる。自分より優れた能力を持ち、守ってくれる女、だけど優れた女が、そんな男を選ぶかねェ……。

タチが悪いことに、そんな男ほどゆがんだ自尊心があって、素直に女のいいなりになれば問題はないが、ヘンな所で意地を張ったりするもんなんだ。

ちなみに俺が理想とするのは、〝おねだりしない女〟です。愛情がもっと欲しい、出世して欲しい、もっとお金を稼いで欲しい。過大な期待を俺にかけない女だね。まぁあくまで理想です（笑）。

人は自分や他人に必要以上に期待するから、裏切られたとき悩みや恨みが生じる。〝期待に潜む病理〟と私は言っているけど、麻雀も同じで、勝ちたい、アガリたいと過大に期待した時点で、たちまち敗者の道を歩む。期待するっていうのはね、時として依存の変形なんだよ。

といって私は自分自身が期待はずれの男にはなりたくない。自分は人に依存しないが、他人の期待には十分応えてやれる男になれば、いい女は自然と寄って来るはずだよ。

さらに言えばだ、真に自立した男にとって、自分の愛した女は、いいも悪いもない。むしろ悪めの、手のかかる女と一緒になったほうが、チャンスなんだと考える。当然トラブルだらけ、でもそれを自分で解決できれば、自信にも経験にもなる。成長できるじゃないか。

というのも、いまの奥さんと一緒になったのは、彼女と結婚したら一番大変だろうなあと思ったからだ（笑）。実際まさに〝期待どおり〟。おかげでずい分勉強になったし、成長させて頂いたよ（笑）。

ごまかさない生き方

Q――よく人から「思い込みの激しい性格」と言われます。先日、友人から「お前があんまり一方的に好きになるから相手が引いてしまうんだ」と言われて、そのときは「好きになる感情を抑える必要なんてどこにもない。自分の感情をごまかさず、素直に行動しているだけだ」と反論したんですが、たしかに世間的には「女性は追いかけたら逃げる」という言葉もあるようです。僕は好きになってしまうと相手の何もかもが良く見えるし、それがプレッシャーを与えていたとしても、その気持ちをごまかすことができないのです。決してストーカーにはなっていないつもりですが、やっぱり友人の言葉、正しいのでしょうか？

素直に行動していると書いてある。自分の感情をごまかしていないとも言っている。積極的で、じつに素晴らしい青年じゃないか。何も言うことはないね……。

と言いたいところだが、どっこい、あんたの本質は身勝手で図々しいだけだね。それを正当化するために「自分に正直に、素直に」と言っているだけじゃねえか。

「とことん好きになると相手の何もかもがよく見える」と、自分は情熱家であるというような言い回しをしているけれども、その中身は先走りの独りよがりで、自己中心的な男だよ。おそらく自己管理も満足にできず、自己分析もせず、またできもしないくせに勝手に相手の分野にどかどかと土足で入り込むような図々しいヤツなんだよ。

要するに自分にストップかける能力がないだけの話だ。エンジンがあり、アクセルとブレーキがあって車だろう。お前さんはアクセルはあるけれどもブレーキのない欠陥車ってことだ。こんな車で走られたらまわりは迷惑するし、同乗したいなんて女の子がいるのがおかしいやね。

間違って1回は乗るけれども、2度目は絶対に断る。当たり前だ。きっとセックスだって、あんたは自分に正直に素直にやっているつもりなんだろうけど、相手の女性からすれば、それを独りヨガリっていうんだろうな。

愛こそすべて、恋は素晴らしいという。実際、2人の心や肉体が一致したとき素晴らしいものに違いない。しかし、愛や恋にも身勝手なものもある。一致させようという気もないワガママなヤツらが多いから、恋愛が憎しみに変わり、暴力ざた、ストーカー、あげくのはてには殺人事件…、ということが毎日のように起こっているだろう。だから悪い愛もあれば、醜悪きわまりないものもあるんだよ。あんたのは、それだ。

女の子を追いかけても逃げられるのは、あんたが「素直に行動」とか「自分の気持ちをごまかしていない」と正当化しているけど、それがただのワガママだからなんだよ。逃げられて当然だよ。

野球で言えば、あんたの恋愛はノックをやっているだけ。一方的に打って、相手が一方的に捕る。キャッチボールという基本を全然やっていないんだよ。あんたが彼女の胸のど真ん中の捕球しやすいところにボールを投げてやり、彼女もあんたの胸に返球する。ときにはコントロールが乱れることもあるだろうけれども、それを修正しながらお互いの胸にもどしてやる。それが愛の力ってもんだろう。この繰り返しが愛を深めていくんじゃねえのかい。ところがあんたは最初から暴投の連続だ。しかも捕れない相手が悪いと考える。もう少し相手の気持ちを思いやり、捕りやすい球を投げたらどうだい。キミはまだまだ本当の恋愛を語る資格はない。まずは基礎、心のキャッチボールから練習だ。自分に素直なんて冗談じゃないっての。

孤独の見つめ方

Q――半年前、彼女と別れました。お互いマンネリ化していて、彼女が浮気していることを友だちから聞き、決断しました。別れて気がついたのですが、1人になるって本当に寂しいものですね。彼女の方は男友だち4～5人と遊びまくっているみたいで……。もともと遊んでいる女だったから、しょうがないんですけどね。寂しくて、この半年間はソープ通い。月に15万円以上つぎ込んだこともあるんですが、最近は、虚しくなってきました。彼女が欲しいと思い、2度パーティーへ行ってみましたが、口ベタで、最近太って腹もニキビも出てきて、これじゃあモテるわけないですね。友だちに紹介してもらった女のコにも、フラれちゃいました。ゴルフも始めてみましたが、ぜんぜん上手にならないし。俺みたいな男を好きになってくれるような女のコがいるのかなと思ってます。情けないと自分でも思うんですが……。

この子は、遊び好きなんだな。だからもともと彼女と彼氏という真剣なつき合いじゃなかったんだと思うね。

彼女も同じだ。遊び友だちの中の1人で、遊びでつき合っていただけだから浮気なんて言葉をつかう以前の話だ。

要するに、この子は男として生きざまや内容が身につかないうちに、性本能だけがいちじるしく発達しちゃったんだ。いわゆる頭の中がセックスでいっぱいなんだよ。そこの抑えがきかないわけだ。

飯も、腹八分というだろう。茶碗で１杯食えば満足する人間と、３杯食わないと満足できない奴がいる。こいつは、３杯だね。動けなくなるくらいに腹いっぱいにしないと満足できない奴なんだ。

ふつう男は、男として風格、仕事への取り組み方、生きざまというものと性本能のバランスがとれていなければならない。そのバランスが女をひきつける魅力とも言えるわけだ。ところが、この子は腹いっぱいセックスしたいんだな。いつでも、ただでできるセックスを望んでいるわけだ。彼女がいれば、それができるわけだろう。

でも、これが買うとなると腹いっぱい食えない。金がかかるからな、外食は。月15万以上といえば、給料のほとんどじゃないの。それで虚しくなってる。

バランスが崩れている。太りすぎと言っているけど、これも食欲旺盛の肥満症だろう。ニキビも、本来なら思春期に心と肉体のバランスが崩れている時に出てくるものだ。とにかくアンバランスなんだ、この子は。

それで、この子は、「俺みたいな男を好きになってくれるような女のコがいるのかなと思ってます」と言うけど、世の中、不思議なことにいるんだな。いわゆる母性本能が強い女。最近はいい子が好きな母親が多くなっているけど、中にはダメな子ほどかわいいという母親がまだいるよ。誰かの面倒を見ることで自分の存在を確かめているような女性がいる。そういう女を探すんだな。

ただし、そのためにはへんなテクニックをほどこさないことだ。素直な自分を見せる。性欲旺盛で、口ベタで、スポーツもヘタで、金銭感覚もないし、要領も悪いことを隠さないことだね。そこをごまかしているかぎりは、絶対に女と恋仲にはなれない。

ところが、コイツはね、そこを自覚できないわけ。たとえば、この子は、どんな女でもいいかというと、欲が強いから、「いや、僕も趣味がありまして、選ぶ権利もありますから」なんて言うタイプだよ。

つまり、格好よく見られたい奴なんだな。それなら、まともに答えてやるよ。自分を磨くしかないと。口ベタなのは、コイツに内容がないからだよ。何かを学んだり、行動を起こしていれば、自分の言葉が出てくるはずだね。ソープに行くことばかり考えないで、内面を磨くことを始めるしかないんじゃないかと思うね。

モテる男の条件

Q――私は、山林に囲まれた小さな村の役場に勤めてる公務員なのですが、これまで結婚のチャンスがないまま独身で過ごしてきました。年々、自信もなくなり、このまま独り身で生きていくのかなと、とても虚しく、寂しい思いです。小さな村に居てはもう相手も見つからないのではないか、不安です。男が女にモテるとは、どういうことなのでしょうか。私はさっぱりわからなくなりました。私のような男でもモテるようになれるのでしょうか。いったい、女性は、どんな男を求めているのでしょう。そして、どうしたら、自信を持って女性にアタックできるようになるのでしょうか。

マジメな子だね。君は人さまに迷惑をかけたこともないような生き方をしている人だろうと思うよ。だけど、マジメであることは、いわゆるつまらんのだよ。わかるかい。そいつと一緒にいても、何かつまらないな、というのは、だいたいマジメな奴が多い。

要するにつまらない男のところに、女の子が寄って行くかね。安全圏に身を置いているからいけないんだよ、君は。安全圏にいれば、何かをやる勇気をもてなくなるだろう。無難であればいいと考えれば、度胸とか勇気なんか持つ必要がないじゃないか。

だいたい公務員というのは、安定の権化だろう。日常の生活でも、仕事でも、リスクをできるかぎり回避して安定を考える。弱い人間に対しては規則や前例を重視しながら対応する一方で、地元の有力者には規則を破ってでも身を守ろうとするわけだ。

つまらない男というのは、色気がないということだな。色気を出す勇気もないってことだよ。君は派手な服装をすると品が悪く見られるんじゃねえかと考えるだろう。人間は上っ面じゃねえんだ、と思いながら自分は上っ面の無難さを求めているわけだ。

経験から言えば、女ってのは君のようなマジメな男は好きじゃないんだよ。わかる？ちょっと危なっかしい男にひかれるんだ。

派手な服を着て、危なっかしいけど根っこはしっかりしているという男に惚れるんだよ、女は。

動物の世界でもそうだろう。色気づいた鳥は目いっぱい羽を広げて求愛するだろう。カエルですら、自分を大きく見せようと体を精いっぱいふくらませてメスにアピールするじゃないか。それが自然なんだよ。

だけど君は自分をアピールする勇気を持っていない。まわりから何を言われるかわからないからジッと女が来るのを待っている。たぶん色気、色香を発することは悪いことだと思い込んでいるんじゃないのかい。品がないとか、スケベだとか。

じゃ、男の色気というのは何かと問われれば、カッコよさだな。そのカッコよさは本来、内面から出てくるものだけれども、そんなことを君に言っても始まらないから、さしあたって身近なところで自分をアピールせよと言っておく。

口紅やマニキュアを塗れとは言わない。せめていままで灰色だったスーツをやめて、明るい色に変えてみる。まさに色気だよ。色のない君は、色のあるものを身近に置くことから始めなさい。

それともうひとつ。恋愛に安定はない。安全な恋愛なんてあり得ない。これほどギャンブル性の高い世界はないと思う。楽しいことばかりではないし、悲しいことも起こる。何が起こるかわからない、その危なっかしさに人間はひかれるわけだよ。

だから安全、安定という幻想を捨てて、腹をすえて色気を発散する勇気を持つ。自分のほうからアピールするんだ。

心と体の正しい関係

Q――ちょっと恥ずかしいんですけど、好きな女のコとセックスする時にかぎってアレが使いモノにならんのです。自分でヤルときや風俗に行ったときなんかは元気なので肉体的な問題というより、精神的なものだと思うんです。俺、好きになった女の人をすごく理想化する傾向があって、それがプレッシャーになっているのかなと。イザというときに立たないもんですから、女のコもそのうち離れていくというパターンが何度かあって……。やっぱり、心だけじゃ男と女の関係は成り立たないものなのでしょうか。どうしたら心と体がうまく一致するようになるのでしょうか。

人間とは、肉体と精神でできていて、生きているあいだには、肉体が優先される時もあれば、精神が勝る時もある。それは時計の針と同じだと思う。長針を肉体、短針を精神と考えてみなさい。長針と短針で動いているのが時計だろう。

セックスも、肉体と精神で生み出すものじゃないのかい。若いときは肉体の成長がいちじるしく肉体のほうが精神より勝っているから性的な欲望も激しいだろう。できればいいという肉体最優先だろう。

精神が入り込まない状態で女の人をパッと見たら、何を考える？　おっぱいのふくらみとか、お尻の豊満さとか、裸の肉体を想像するだけだ。ところが、そこに恋愛感情、愛とか恋という精神的なものが入ってきたら、心という短針が動きだすだろう。それでようやく時計は正常に働くわけだ。

ところが、君は風俗に行ったときは長針一辺倒で、長い針が勢いよく回ってるのに、今度、好きな子が出現すると、短針だけが動きだすという不自然な時計になっちまう。通常、それは壊れている時計という。

どういうことか、わかるかい？　君は二面性の強い男だってことだ。風俗には〝オール私はスケベ〟で行くだろう。ところが、彼女のときは短針だけになっちまって、君にとっていい人でありたい、よい人と思われたいという気持ちが優先する。俺は世間の男のような決してスケベではありません、女の人を金で買ったりするような男を私は軽蔑しています、ってな態度をとる。

いい人はスケベではないと思っているんだな、君は。まして女の人はスケベじゃないと思いこんでいる。

たしかに女の人は、よく言うだろう、「スケベな人は嫌い、そういう男はサイテー」って。これは、自分に対してのスケベはいいけれども、人様のスケベは認めませんという女心だよ。それを真に受けて、短針だけにとらわれているのが、いまの君の姿だよ。

もう少し男と女がセックスに対して正直であれば、こうした問題は起きない。人間は成長の過程でエロスも発達していて、簡単に言ってしまえば、間違いなく男も女もスケベなんだよ。

ところが、いまの社会の悪い所は、知を優先しすぎて、理性を信じすぎているってことだよ。いわば長針が動かない短針だけの不完全な時計だ。

セックスも行動のひとつだろう。知を優先するからこうした悩みが起こるんだよ。ならば君は明日から知に頼らず、行を少しだけ優先してみなさい。それによって知行合一、長針と短針で自らの時計を動かすことができるようになるはずだよ。

「欲望」の価値

Q——結婚を約束した彼女がいます。とても気が合うし、信頼し合っています。結婚するなら彼女以外に考えられません。しかし、いま後悔している事があります。先日、会社の集まりで男女数人で飲み、盛り上がりました。その中の１人の女性と帰る方向が一緒で、その子が帰り際、妙に私になついてくるというか、私も酔っ払っていたこともあり、結局、２人でホテルに行ってしまいました。結構かわいい子で人気のある彼女には当然、彼氏がいることは知っていました。じつは違う部署ですが、同僚なのです。その後、彼女に誘われるようにして何度か関係を続けているのですが、同僚はもちろん、婚約した彼女に対して裏切っているという思いで……。ただどうしても肉体的に離れられない感じです。

現代の人間はありあまるほどの情報と知識を持ちすぎて肥満しているね。知識情報デブばかりで、知恵がない。生きるための知恵、生活するゆえの知恵を失ってしまっているよ。昔の人は知識はなかっただろうけれども、そのかわり知恵で生きていた。どの野草が毒消しになるか、カエルが鳴けば雨がまもなく降りだすとか……。

イスラム圏の女性は顔を隠してるね。目だけを残して頭から足元まですっぽりとかぶる服を着ているだろう。これも知恵から生まれたものだったんだ。

本来、性に対する欲望は女性のほうが強い。嫉妬心が強いのも女性だし、女性たちが香水をつけ、化粧し、おしゃれするのも男を振り向かせるための小道具だろう。そのうえ女性は自分たちの性に価値があることを熟知していた。若い男は月20万、30万稼ぐのが精いっぱいだけれども、女がちょっと風俗、アダルト業界にいけば何百万という価値に化ける。

わかりやすくいえば、昔、男は狩りに出て物々交換の品を得た。狩りの苦手な女は何を交換して生きていくか。性を売るわけだろう。簡単に食い物と交換できる。男にはかなわない強烈なエロスを女性は持っているわけだよ。

昔の男衆はそれをよく知っていた。女性の持つ性のエネルギーに驚異を感じてそれを制御しにかかった。女房を家内と呼ぶのは、家の中にいなさいと。外へ出ると簡単に物々交換してきて、何をするかわからず、危険だと。だから家の仕事をさせてバランスをとってきたのだろう。家を守ることによって、女性自身の身を守る、そういう知恵としての風習だった。

ところが、女性解放、ウーマンリブなんて運動が起きて、知恵のない知識人といわれる男どもが女を外へ引っ張り出してきた。とくに高度成長期から世の中が経済一色になると男だけの稼ぎでは生活水準が上がらないから女衆の手を借りるようになり共働きがあたり前になった。

つまり、働く厳しさから逃れるために稼ぎを分担した。厳しさを嫌い、ラクを求めるために女性を外に出した結果、男の悪とされる分野、領域まで女衆が食い込み、いまや独占状態だ。飲み屋、遊び場、風俗、すべて女性たちがわがもの顔、傍若無人ぶりでやっているだろう。

女性は確かに解放された。しかし、一方で女性たちの持つ強烈なエロスにも火をつけてしまった。十代の若さで援助交際はあたり前、主婦売春も日常じゃないか。君の遊び相手も婚約者も、強烈な性的欲望を持っているという意味では根は同じだろうよ。

おそらく女のほうから遊びに誘い君はそのエロスに引っぱり込まれた。おいおい、君の婚約者って女も君の知らない所で、ほかの男を誘っているかも知れないねぇ。いやはや今日びどなた様もおさかんで……。

「信頼し合ってる」って？　まぁ、信頼という言葉も随分安っぽくなっちまったもんさ。君の件に関しては、いいとか悪いとか言いたかないね。勝手にしてちょうだい、ってなもんだ。

ただ言えるのは、どいつもこいつもラクを求める生き方しかできねぇのかってことだ。

厳しさの中にこそ穏やかさがあるんだ。安楽、快楽……。男も女も目前の欲望を満たすことで頭がいっぱい、浮気もとりあえずやっとかなきゃソン。冗談じゃねぇ、そんなヤツの相談にまともに答えられるか。勝手にしろ。山登りは厳しいからこそ達成感があり、そこから真の穏やかさが生まれる。

しかし、あんたのように楽しさとラクを混同しているから、婚約者と信頼し合いながら、浮気をするという支離滅裂な行動になる。

もっと厳しさの中に身を置くことを考えろ。厳しい生活、厳しい生き方、そしてその厳しさにひかれてくる女なら信頼できるということだな。

愛に「優劣」はあるか

Q――じつは僕、男の人が好きなんです。中学になった頃から自分のそういう気質に気がついたのですが、友達にも家族にも言えず隠してきました。でもこれ以上、隠し続けるのが辛くてしょうがないんです。というのは友人の1人を好きになってしまって……。向こうは僕がそういう気持ちを持っていることは知りません。このまま隠し続けるなら、何事もなかったように関係は続くでしょうが、自分も相手もごまかし続けることになると思うと……。無理に女の子とつき合っても、この気持ちが変わるとは思えません。相手が男であろうと女であろうと好きだという感情に上下はないと思うのです。

正直なところ、男と女どっちが好きかと問われれば、私は男だと答えます。もちろん、部分的には女性も好きです。しかし全体像からみると圧倒的に男のほうが好ましい。相撲をとるにしても、高いところから海に飛び込むにしても、麻雀をやるにしても男と本気でぶつかり合って遊ぶほうが私には何倍も楽しいのです。

ただし、その好みは精神的な面にとどまっています。君の場合、その感覚が肉体的な面にまで及んでいるという点で私とは違うのでしょう。もちろん、違うからといって私は君を特別な目では見ませんよ。

大切なのは、与えられた自分に正直に生きることです。君が無理に男を愛するのではなく、自然に与えられた本能で男性を愛するというのなら問題はないと考えます。

人間には異性差もあれば同性差もある。男と女は明らかに違いますが、同性の中にも差異があって当然、それこそ多様です。ひとつの形にこだわるから君も苦しくなるのでしょう。男女の性愛だってカップルの数だけの方法論があるはずですよ。何も１つのパターンに当てはめる必要はない。そこに上も下もないし、正常も異常もない。

何より性が異性間だけで成り立っていると考えるのは、人間が頭で考えたことにすぎないと思いますよ。そういった常識や宗教的な価値観で考えていくと、人の生きざまや人の愛し方、性のあり方がとても窮屈になってしまいます。

なぜ、男と女という組み合わせだけが正当なのか、という素朴な質問に誰が答えられますか。織田信長には、森蘭丸《もりらんまる》というお稚児《ちご》さんがいて、愛人関係にあったことは歴史上の事実としてよく知られています。女性を連れてゆけない戦場にあっては、男と男が性的な関係をもつことは当たり前であったと言う人もいるほどです。

もうひとつの悩みは、相手に告白してよいのかどうかという点ですね。したければ告白したらどうですか。相手にその気持ちがなければ、諦めるしかないでしょう。

それは男と女も同じです。好きな子がいて勇気をふりしぼって告白しても、「友達でいましょう」と言われれば、それまで。いわゆる失恋です。落ち込みますよ。でも、相手が受け入れてくれるのなら、それは素晴らしいことです。それだって告白しなければ始まらないでしょう。

繰り返しますが、与えられた自分に正直に生きることです。それで人様に迷惑をかけるわけではないでしょう。むしろ隠し続けて、世間体を気にして女性と偽装結婚するほうがより人を傷つけ、迷惑をかけることになります。

隠して苦しむより、告白して、堂々と生きるほうが素晴らしい人生を送ることができると私は信じています。自分に正直に生きてください。

どこまで愛しきれるか

Q――３年間つき合っている彼女が、最近、何とかセミナーという会に参加したら人生観が変わったと言うんです。で、俺にも出ろと勧める。そんなものは信じないし、絶対イヤだと。彼女はそれが不満らしく、何かとぶつかってしまうんです。高いセミナー料が必要で、俺から見ると人の弱みにつけ込んだ悪徳商法にすぎません。彼女の心がどんどん離れています。何も考えていないような明るい性格だったのが、いまではすっかり地味な感じになって……。結婚を考えてたんですけど、昔の彼女に戻す方法はないものでしょうか？

洗脳という言葉がある。字の通りなら、脳を洗う、汚れを取るわけだから、決して悪いことじゃない。おそらくキリストさんもお釈迦《しゃか》さんも、いい意味で人の脳を洗おうとなさった。洗脳というとイメージは悪いが、学校だって会社だって、売り上げだの成績だのと〝洗脳〟してるじゃねえか。問題はそれが〝洗う〟のではなく〝乱脳〟だったり〝汚脳〟だったりすることだ。

ところで、人はときとして他人と比較し、このままじゃいけないと思い悩む。多少自信ありげなヤツだって、もう少し背が欲しいとか、歌が上手になりたいとか、何かしら〝変身願望〟を持っている。

それを向上心や夢、希望といえば聞こえはいいやね。でもそれは同時にその人の〝心のすき間〟にもなるわけです。

そのポッカリとあいたすき間に、風を送り込む奴がいる。すると多くの人は、その風に吹かれて流されちまう。風を吹く奴が宗教であり、セミナーだったりするわけだ。まぁ俺もこんなところで話しているのだから、多少の風を吹かせるクチではありましょう（笑）。

さて、君の彼女はまさにその〝風〟に吹かれている状態だと思う。ただし、どんな奴に吹かれているかが問題だね。そのセミナーに参加するのに、法外なカネがかかるとしたら、そいつはやっぱりおかしいや。キリストや釈迦は、教えを授けるのに見返りを要求したでしょうか？　生きる上でのよい智恵が浮かんだら、タダでも人に教えたくなるものじゃないかい？　私ならそうするね。

ただし、だからといって君が彼女を愚かだと決めつけているとしたら、それは間違いだ。俺に言わせれば、目覚めてるのは彼女のほう、愚かなのは君のほうだ。「何も考えていないような明るい性格だった」と君は言うが、君と彼女の関係はまさに〝何も考えない〟ですむ、亨楽的なものだったんじゃないかい？　最初はそれでよかった彼女だが、いつしか「このまま楽しいだけのつき合いでいいのか？　もっとお互い成長できる、意義ある関係にしたい」と考えるようになったんだと思う。

ところが君は相変わらず昔のままの彼女を求め、亨楽的な生き方を望んでいるのだろう。そういう点では、彼女はすでに〝気づいた人〟であり、君はいまだ〝気づかない人〟というわけだ。

もし君が本当に彼女を愛し、一緒に居たいと望むなら、君も〝気づいた人〟にならなきゃダメだ。頭からそのセミナーを否定する前に、君も一緒に参加してみるんだね。その上でその指導者ややり方が本物かどうか2人で話し合う。いたずらに彼女を否定し、昔に戻そうとするのは逆効果。彼女の心はますます離れていくよ。

愛を育むという考え方

Q——先日、離婚しました。結婚生活は2年ほどで、子どもは1人生まれましたが、女房が引き取りました。彼女は家事がほとんどできない人でした。朝も私より遅く起き、食事や洗濯も、ほとんど私がやっていました。子どもができれば変わるだろうと期待したのですが、育児にも彼女は興味も情熱もなく、結局、おたがいに心が離れていってしまいました。ある時、彼女の両親が怒鳴り込んできました。彼らにとっては私のほうがとんでもない男だったのです。「これ以上、娘をおいておけない」と一方的に言われる始末でした。これほどものの見方、考え方が違うのかと本当に驚きました。これまで彼女への恨みつらみは誰にも言いませんでした。ただ何か釈然としないのです。会長、結婚ってなんでしょうか？

この人も結婚をひとつのパターンにはめ込み、それによって自ら苦しんでいる典型だね。結婚というのは、特定の男と女の結びつきだけれども、一つの形に当てはまるものではなく、それぞれの結びつきがすべて異なって当たり前でしょう。

家と家の結びつきもあれば、打算が入り込んだ結婚もある。にもかかわらず、すべての結びつきが、愛の証であると錯覚している輩が多すぎる。

本当の愛の姿をつかんでいる人間はどれだけいるだろうか。それをわからないまま、結婚してしまう。わからないのなら、ふたりでその愛を見つけたり、育てていくのならまだしも、結婚こそが愛の終着駅、ゴールインだと錯覚しているから、君のような悩みや苦しみが生まれるんだ。

君の元女房は女であるが女房でもなく、母親でもないというのが君の言い分だね。私はこう思う。結婚したからといって女が妻になり女房になるとは限らないし、子を産んだからといって母親になるわけではないと。親となったら親らしく懸命に生きてこそ親であり、それがせめてもの家庭を持った者の責務であり、けじめであると考えている。その点、君の奥さんは責任をまっとうしているとは言い難い。ただし、それに気がつかず結婚した、おのれの無知をまず自覚すべきではないのかい。そして、その責任は自分にあると考えるべきではないのか。

君は最初からできた女房が欲しかったのかもしれない。そんな女性がいれば、君はラクだろう。しかし、君は人間としての器は小さくなる一方だ。なぜかわかるかい。

君はきっといいことばかりを勉強してきた優等生なんだろう。だから自分と違った価値観を持った人間がいるとわけがわからなくなると私は見るね。いいかい、勉強はいいことばかり学んでもしょうがないんだよ。ダメなものから学ぶから自分をいい方向へ持っていける。なぜダメなんだろう、なぜ失敗したんだろうと考えることが実体験という得がたい勉強になるわけだよ。

実際、俺なんかも、ずいぶん女房殿からは勉強させてもらってるんだ。まあ、向こうもそうかも知れないが（笑）。

結局、君は有能な女房や母親が欲しかっただけで、本当の意味で彼女を愛していなかったと、断言してやるよ。

愛はね、その姿は刻一刻と変化するものだけれども、本質は変わらないものだよ。ケンカをしたり、迷惑をかけたり、いやだなあという形にも変わるのが愛だ。だけど女房がいてよかったな、嬉しいなと思うときもある。同じ風でも、そよ風になったり台風になったりするように、愛も変わるんです。だけど風という本質は変わらない。君は優しい、さわやかなそよ風ばかりを欲しがった。だから、家庭を持った責務を果たせなかったわけだよ。

まずは君自身、彼女をどれだけ愛していたか、反省してみて欲しい。

本書は、2001年に小社より刊行された「悪戯の流儀」を改題のうえ、再編集したものです。

青春新書
INTELLIGENCE

こころ涌き立つ「知」の冒険

いまを生きる

"青春新書"は昭和三一年に――若い日に常にあなたの心の友として、その糧となり実になる多様な知恵が、生きる指標として勇気と力になり、すぐに役立つ――をモットーに創刊された。

そして昭和三八年、新しい時代の気運の中で、新書"プレイブックス"にその役目のバトンを渡した。「人生を自由自在に活動《プレイ》する」のキャッチコピーのもと――すべてのうっ積を吹きとばし、自由闊達な活動力を培養し、勇気と自信を生み出す最も楽しいシリーズ――となった。

いまや、私たちはバブル経済崩壊後の混沌とした価値観のただ中にいる。その価値観は常に未曾有の変貌を見せ、社会は少子高齢化し、地球規模の環境問題等は解決の兆しを見せない。私たちはあらゆる不安と懐疑に対峙している。

本シリーズ"青春新書インテリジェンス"はまさに、この時代の欲求によってプレイブックスから分化・刊行された。それは即ち、「心の中に自らの青春の輝きを失わない旺盛な知力、活力への欲求」に他ならない。応えるべきキャッチコピーは「こころ涌き立つ"知"の冒険」である。

予測のつかない時代にあって、一人ひとりの足元を照らし出すシリーズでありたいと願う。青春出版社は本年創業五〇周年を迎えた。これはひとえに長年に亘る多くの読者の熱いご支持の賜物である。社員一同深く感謝し、より一層世の中に希望と勇気の明るい光を放つ書籍を出版すべく、鋭意志すものである。

平成一七年　刊行者　小澤源太郎

著者紹介

桜井 章一〈さくらい しょういち〉

昭和30年代後半、大学在学中に麻雀を覚え、半年でフリーに。以来、実業の世界に身を置く傍ら、プロの代打ちとして20年間、1度も負けることなく引退。数々の暴力、脅しに屈せず勝ち続けた半生は伝説になっている。現在、麻雀を通じて人間力を高める「雀鬼会」を主宰。「牌の音」で、若手、後進の指導、育成に努めている。

『無敵の勝負論』(小社刊)、『人を見抜く技術』(講談社)ほか著書多数。

精神力《せいしんりょく》

青春新書 ***INTELLIGENCE***

2009年9月15日 第1刷

著 者 桜《さくら》井《い》章《しょう》一《いち》

発行者 小澤源太郎

責任編集 株式会社プライム涌光

電話 編集部 03(3203)2850

発行所 東京都新宿区若松町12番1号 〒162-0056 株式会社青春出版社

電話 営業部 03(3207)1916 振替番号 00190-7-98602

印刷・中央精版印刷 製本・誠幸堂

ISBN978-4-413-04247-5